南方传媒研究
NANFANG MEDIA RESEARCH

南方报业传媒集团新闻研究所　主编

南方日报出版社
NANFANG DAILY PRESS

图书在版编目（CIP）数据

南方传媒研究·第二十六辑：记者共同体/南方报业传媒集团新闻研究所主编.—广州：南方日报出版社，2010.10

ISBN 978-7-5491-0100-9

Ⅰ.①南…　Ⅱ.①南…　Ⅲ.①记者－新闻工作－研究－中国

Ⅳ.①G214.2

中国版本图书馆CIP数据核字（2010）第202080号

002
NANFANG
MEDIA RESEARCH

南方传媒研究

第二十六辑：记者共同体

南方报业传媒集团新闻研究所　主编

出版发行　南方日报出版社
地　　址　广州市广州大道中289号
电　　话　（020）87373998-8502
经　　销　全国新华书店
印　　刷　广州市怡升印刷有限公司
开　　本　787mm×1092mm　1/16
印　　张　13　彩插 0.5
字　　数　260千字
版　　次　2010年10月第1版
印　　次　2010年10月第1次印刷
定　　价　28.00元

投稿热线：（020）87373998-8503　读者热线：（020）87373998-8502
网址：http://www.nanfangdaily.com.cn/press　http://www.southcn.com/ebook

目录 Contents
NO.26

028

“哪个让你们直播的?” 049

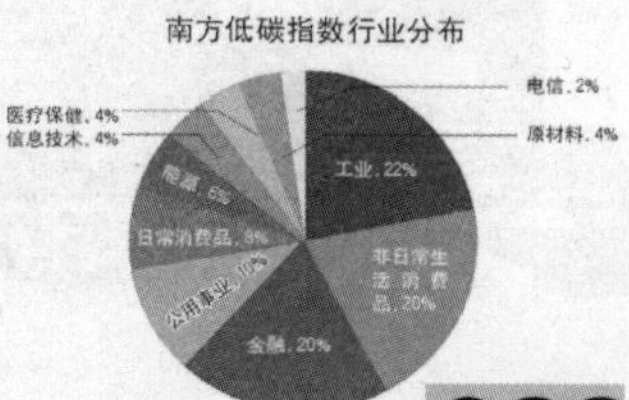

083

传媒观察 101

新闻漫画 117

记者讲述 123

专题「微博捉奸报道」127

庭荣视界 144

采写编 150

主编视野 159

106

117

150

博士传媒眼179

传媒茶座187

189

微博话题203

编后记206

中间插页

编 委 会

地　址 广州市广州大道中289号
电　话 020-87373998-3364
传　真 020-87363753
邮政编码 510601
电子邮箱 nfcmyj@vip.163.com
nfcmyj@163.com
网　址 http://media.nfdaily.cn

“尽管社会议论纷纷，尽管遇到阻力，我仍会坚定不移推动我的信念。在我能力范围内，推动政治改革，风雨不倒，至死方休。”

凤凰网报道，10月3日，美国CNN播出早前对温家宝的专访。温家宝强调，政治体制改革是邓小平很久以前就提出的概念。

“感觉今后大学的新闻传播学院，需要增加两门课程，都是必修课，一门是如何写好检讨书，另一门是格斗防身术，女记者还必须学会防止性骚扰的必胜技。”

8月31日，凤凰卫视著名主持人杨锦麟微博上“调侃”目前媒体和记者的处境，“世道变了，哪里都是阿富汗”。

“打着国家利益旗号的背后，基本上都是私利。”

9月8日，经济学家张维迎在《东方早报》的访谈中，谈及“在金融危机之后，怎么看全球大政府的趋势”时表示，“政府的权力一旦上去就下不来，因为政府权力背后就有既得利益，既得利益一旦获得，没人愿意放弃，总有人去游说维护自己的权力。”

“良药苦口利于病，忠言逆耳利于行。对参事提出的意见和建议，要有听取逆耳之言的雅量，能包容不同意见，择其善者而从之。”

8月30日，《人民日报》发表湖北省省长李鸿忠文章《充分发挥参事作用 推进科学民主决策》，称“努力营造鼓励讲真话、保护讲真话的环境和氛围”。

“当有法必依、执法必严只存在于墙上宣传时，安元鼎之类在首都公然进行非法活动的公司恐怕难以绝迹。”

9月25日，著名律师斯伟江发表《安元鼎的四只脚》一文，认为截访黑保安公司安元鼎能够生存发展，“这只鼎最大的支撑腿，其实应该是这个运作过程中所有人的人心，所涉各方都不对宪法、法律负责，只对话事人负责。”

“‘媒体’在本国是个内涵和外延都糊里糊涂的新名词，兴起不过十数年，以前是叫宣传机构。所以，把你竖起来，你就是镜子，把你横过去，你就是标语，把你放倒了，你就什么都不是了。”

9月3日，陈Sir陈扬在《南方都市报》上撰文回应广州市委书记张广宁的“以媒体为镜”说，表示“张书记是把媒体竖起来了当镜子啊，这就是在广州做媒体的幸福感！”

“在今后的发展思路中，一定要把民生放在第一位。宁可少上项目，甚至不上项目，也要把老百姓的利益放在第一位。”

9月21日，江西抚州宜黄县县委书记邱建国对《新世纪》周刊记者说，“这次事件给了我一个深刻的教训，给了我们当头一棒。”

“现在全世界还没有分配的IPv4地址大概还剩5%，从亚太地区来讲50天用掉一个地址……明年2、3月整个全世界的IPv4就没有了。这个事非常严重，可能明年，甚至到后年出现一些地址不够用的问题。”

8月17日，清华大学信息网络工程研究中心副主任李星在2010中国互联网大会国际高层峰会上表示，中国互联网发展面临四大挑战中最重要的是IPv4地址不够用。

“有些单位对记者做出不适当的处理，我们是一直干预的。”

8月10日，国家新闻出版总署署长柳斌杰接受《人民日报》采访时表示，“因为记者只能进行采访和报道，他不是法官，无法核实和判断事实证据。所以对记者正当的采访要求要予以保护”。

“我觉得，一个社会的发展，一个地方的发展，是综合协调的系统。我们为什么不能把发展成果让我们的老百姓来共享呢？我们为什么一味去追求GDP增长，而不顾民生的艰辛呢？”

9月10日，原陕西神木县县委书记，现任陕西省榆林市人大副主任郭宝成，应邀参加上海世博会“经济转型与城乡互动”论坛，提及全民免费医疗说，“全国任何一个县，都可以推广、借鉴‘神木模式’。”

吕建福

吕建福，河南电视台一名摄像记者。提起他，郑州的老街坊们可不陌生。因为他这3年曝光数千张特权车的照片，但不是偷着拍躲着拍，而是堵着车门拍："我知道您是领导！我专拍领导！"他的坚持换来了回报——河南取消公安车牌号段豫0，郑州取消政府专用车牌号段豫AAA。百姓交口称赞，但也有人郁闷。"最烦他了。"一名卸任官员曾这样评价道。

钟如九

1988年生人，江西省宜黄县人。钟家老九，自焚者钟如琴最小的妹妹，2010年9月10日宜黄拆迁自焚事件前在南昌做服装销售员，强拆来临时回家照顾母亲，当天在现场拍摄工作人员，被四五个人强行抢夺去相机。2010年9月16日想随姐姐进京申冤，被宜黄政府控制，悲愤交加晕倒在机场，后躲进女厕，求助记者。通过在微博上进行信息直播，引起全国网友的关注。

阮次山

8月23日，菲律宾劫持香港游客事件发生后，凤凰卫视资讯台总编辑兼首席评论员阮次山在节目上就此事件发表观点，遭到网友炮轰。阮的观点是：1.警方无可指责。我们现在检讨是马后炮，如果一定要检讨谁的责任，只有枪手有责任；2.不应该对菲律宾施压。3.曾荫权打电话给菲律宾总统是小题大作，是错误的。

邓亚萍

前乒乓球国手、37岁的邓亚萍，从2003年参与申奥工作开始，历任奥组委奥运村部副部长、国家体育总局器材管理中心副主任、共青团北京市委副书记。9月下旬，迎来最新的岗位，成为一位年轻的正局级干部，出任人民日报社副秘书长兼人民搜索总裁。就像赛场上做到的那样，邓亚萍的每一次转身都很华丽，从不闪腰。

王志

9月20日，央视男主持人鲁健在微博中透露，原央视主持人、曾任云南省丽江市副市长的王志，出任中国红十字基金会党支部书记。自己则成为红基会名誉理事。“我们会继续做好‘众基金’的工作，并使红基会在可信度、透明度上更细致。”

郭德纲

9月14日晚，“缺德纲”——因弟子打伤记者事件爆发后，称打人弟子为“民族英雄”，骂记者有时不如“妓女”，说北京电视台“太龌龊”，而被千夫所指的郭德纲在弟子打人事件后首次公开露面，称“记者行业还是好人多”。

崔永元

“我们的GDP赶超了别人，但对历史的敬重、敬仰、尊重、珍爱，却比不过别人！为什么大家不觉着这件事丢人呢？为什么不为这事发愁着急呢？！”崔永元32集电视纪录片《我的抗战》因收视率问题而被央视等电视台拒之门外，制作团队连续4个月没有发工资。不过，崔永元说，“我觉得发不出工资没有什么可丢人，我的脑子够用，只不过对赚钱不感兴趣。”

刘海陵

8月13日下午，广东省委组织部副部长许光超在羊城晚报报业集团干部大会上宣读了中共广东省委的决定：刘海陵同志任羊城晚报社总编辑。刘海陵，高级记者，原任羊城晚报报业集团副总编辑。

蓉荣

新一代极品女“小月月”的“推荐人”。10月5日起，天涯社区出现一个直播朋友“小月月”雷人上海行的帖子。蓉荣笔下的小月月，被网友认为是至今为止最极品女，遭网友火速膜拜。截稿时，原帖点击次数已过千万。一些冷静的网友直指这又是一炒作。

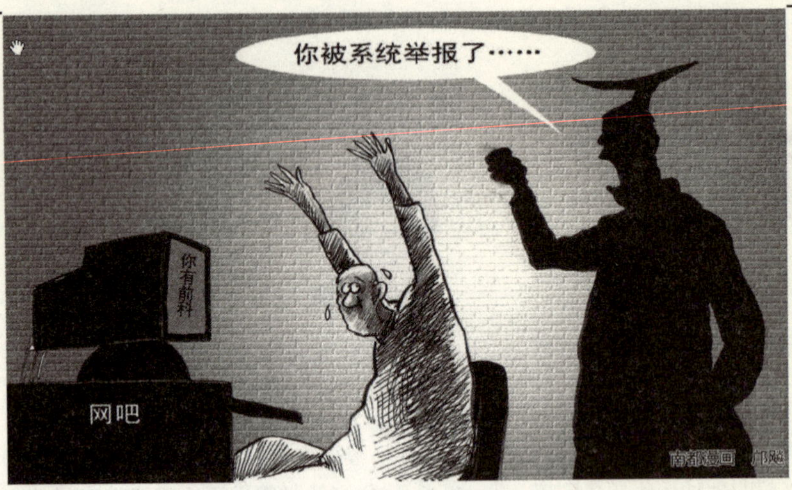

漫画

10月6日，兰州一网友发帖求助，自称是两劳释放人员，每次到网吧刷二代身份证实名上网后都会有警察来盘查他。8日下午，广州市民李意（化名）也致电记者，说他有类似遭遇，上网、住店、买票……半年多已经十几次被带回派出所询问。有网友就此评论，“人身的有期徒刑，身份证的无期徒刑？”（漫画原载于《南方都市报》2010年10月9日A32版）

数字

2000万

腾讯上半年每天的纯利润

腾讯控股有限公司8月12日公布截至2010年6月30日未经审计的第二季度及上半年综合业绩报告称，2010年上半年总收入为人民币88.952亿元，净利润36.997亿元，同比增长66.1%。平均下来，腾讯每天要赚2000万，每小时要赚84万，每分钟赚1.4万！

8成

报人认为自己身心疲惫

报人从业生态调查报告显示，三成报业从业者对目前工作不满意或很不满意，受访者中对报社工作感到满意和很满意的只有21%，而感到不满意和很不满意的占到30%。8成以上认为自己身心状态比较疲惫，三大主要压力来源：收入低、人际关系复杂与工作不稳定。

5000条

搜狐每天屏蔽的微博数量

搜狐网监控中心负责人王国欣告诉记者，包括微博、博客在内的网民互动式互联网产品，文字帖一般采用1000多个敏感词进行过滤，如果其中含有敏感词就直接删除。搜狐微博是24小时都有人做过滤监控，搜狐微博每天出现的七八万个帖子，过滤掉的大约有5000多个。

43427.11 页

6500 万

100 本

26 家

2.92 亿

数字

第二季度美国杂志广告页面总数

美国 PIB 最新公布的统计数据表明，美国的杂志广告页数和营业收入在近 9 个季度以来首次实现增长。2010 年第二季度，美国杂志广告收入达到了 52.1 亿美元，比去年同期增长了 5.7%，广告页面总数为 43427.11 页，比 2009 年 4 - 6 月份增长了 0.8%。美国杂志广告收入或页数的上一次增长还要追溯到 2007 年第 4 季度。

年底将达到的中国微博用户数

据中国互联网监测权威机构 & 数据平台 DCCI 互联网数据中心数据预测，到 2010 年底，国内微博服务商的累积注册活账户数将突破 6500 万个；2011 年底，中国互联网实际不重复的微博独立用户数将达 1 亿。

《1988：我想和这个世界谈谈》内藏 10 克纯黄金

9 月 21 日，韩寒的新书《1988：我想和这个世界谈谈》上市。据韩寒博客透露，这本小说制作了一个限量版，只销售 100 本。韩寒还揭晓这个版本里面有什么，除了碳纤维制作成本近千元以外，在每一本书的最后，还送了 10 克纯黄金。“从小有人对我们说，书中自有黄金屋。这是句真理，但这在我们这里没能体现出来，往往书读得越多，日子还越不如意，我对此也无能为力，只能用最直接最粗俗的方式印证一回。因为每制作一本亏损将近 3000 多元，所以才做了这么少。”

中国报纸入选 2010 年世界日报发行量百强

扬子晚报 10 月 13 日报道，世界报业与新闻工作者协会近日在巴黎发布了“2010 年世界日报发行量前 100 名排行榜”，在上榜的中国报纸中，《参考消息》列第 6 位，《人民日报》列第 10 位。

截至 9 月底的中国手机网民数

10 月 13 日，在“2010 中国国际信息通信展览会”的新媒体论坛上，工信部电信管理局副局长刘杰表示，截至今年 9 月底，我国手机网民规模达到 2.92 亿，在总体互联网用户中的比例超过 66%。

埃及媒体修改中东和谈照片本国总统放最前

据英国BBC9月16日报道，埃及全国发行量最大的《金字塔报》9月14日曾以《通往沙姆沙伊赫之路》为题，公布了一张中东和谈领导人的照片。不为人知的是，这张照片是经过修改的，将埃及总统穆巴拉克的位置由最右边移至最前方，显示出穆巴拉克走在所有领导人的最前面，暗示埃及才是和谈的主导力量。

原版图片中，各国领导人由左至右分别为：埃及总统穆巴拉克、以色列总理内塔尼亚胡、美国总统奥巴马、巴勒斯坦民族权力机构主席阿巴斯、约旦国王阿卡杜拉二世。奥巴马的位置略微靠前。

修改后：穆巴拉克走到了前面。

墨西哥报纸发社论向毒贩喊话：别再袭击记者

墨西哥边境城市华雷斯一家大型报纸《华雷斯日报》9月19日在头版刊登社论，向贩毒团伙“摊牌”，要求贩毒团伙说清楚到底想要什么、不要再对记者发动袭击。该报两名记者16日遭遇毒贩袭击，一死一重伤。一年多前，这家报社一名从事社会犯罪报道的记者遭毒贩杀害。

广州日报社42亿资产注入粤传媒

8月15日，粤传媒发布公告，将向其实际控制人广州日报社的全资子公司“广州传媒控股有限公司”定向增发3.74 亿股，用以购买广州日报社旗下传媒资产，增发后总股本将增加到7.24 亿股。

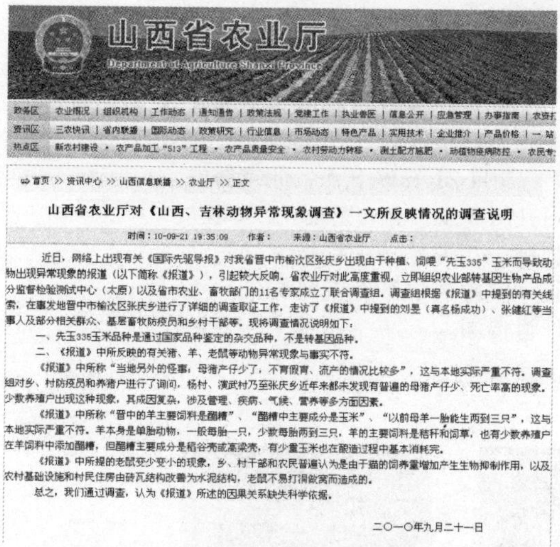

山西省农业厅

Department of Agriculture Shanxi Province

政务区 农业概况 | 组织机构 | 工作动态 | 通知通告 | 政策法规 | 党建工作 | 执业兽医 | 信息公开 | 应急管理 | 办事指南 | 农资打

资讯区 三农快讯 | 省内联播 | 国际动态 | 政策研究 | 行业信息 | 市场动态 | 特色产品 | 实用技术 | 企业推介 | 产品价格 | 一站

热点区 新农村建设 · 农产品加工"513"工程 · 农产品质量安全 · 农村劳动力转移 · 测土配方施肥 · 动植物疫病防控 · 农民专

首页 >> 资讯中心 >> 山西信息联播 >> 农业厅 >> 正文

山西省农业厅对《山西、吉林动物异常现象调查》一文所反映情况的调查说明

时间：10-09-21 19:35:09 作者： 来源：山西省农业厅 点击：

近日，网络上出现有关《国际先驱导报》对我省晋中市榆次区张庆乡出现由于种植、饲喂"先玉335"玉米而导致动物出现异常现象的报道（以下简称《报道》），引起较大反响。省农业厅对此高度重视，立即组织农业部转基因生物产品成分监督检验测试中心（太原）以及省市农业、畜牧部门的11名专家成立了联合调查组。调查组根据《报道》中提到的有关线索，在事发地晋中市榆次区张庆乡进行了详细的调查取证工作，走访了《报道》中提到的刘旻（真名杨成功）、张健红等当事人及部分相关群众、基层畜牧防疫员和乡村干部等。现将调查情况说明如下：

一、先玉335玉米品种是通过国家品种鉴定的杂交品种，不是转基因品种。

二、《报道》中所反映的有关猪、羊、老鼠等动物异常现象与事实不符。

《报道》中所称"当地另外的怪事：母猪产仔少了，不育假育、流产的情况比较多"，这与本地实际严重不符。调查组对乡、村防疫员和养猪户进行了询问，杨村、演武村乃至张庆乡近年来都未发现有普遍的母猪产仔少、死亡率高的现象。少数养殖户出现这种现象，其成因复杂，涉及管理、疾病、气候、营养等多方面因素。

《报道》中所称"晋中的羊主要饲料是酯糟"、"酯糟中主要成分是玉米"、"以前母羊一胎能生两到三只"，这与本地实际严重不符。羊本身是单胎动物，一般每胎一只，少数每胎两到三只，羊的主要饲料是秸秆和饲草，也有少数养殖户在羊饲料中添加酯糟，但酯糟主要成分是稻谷壳或高粱壳，有少量玉米也在酿造过程中基本消耗完。

《报道》中所提的老鼠变少变小的现象，乡、村干部和农民普遍认为是由于猫的饲养量增加产生生物抑制作用，以及农村基础设施和村民住房由砖瓦结构改善为水泥结构，老鼠不易打洞做窝而造成的。

总之，我们通过调查，认为《报道》所述的因果关系缺失科学依据。

二〇一〇年九月二十一日

中国共产党新闻网开辟留言板 百姓有话直通中南海

人民网9月14日消息，中国共产党新闻网近期开辟留言板，名字就叫"直通中南海"。不到一周时间，网友们已给胡锦涛总书记和温家宝总理留言逾2万条。

"转基因玉米致动物异常"报道不实

9月22日，山西省农业厅在其官方网站发布消息称，近日，网络上出现有关《国际先驱导报》对该省晋中市榆次区张庆乡出现由于种植、饲喂"先玉335"玉米而导致动物出现异常现象的报道，引起较大反响。通过调查，该部门认为该报道所述的因果关系缺失科学依据。

印度两记者为拼收视率 蛊惑男子警局自焚

中国新闻网8月23日报道，印度古茶拉底省2名电视台记者哄骗男子在镜头前表演自焚，没想到弄假成真。2人因煽动自杀罪遭起诉，但均已潜逃。

大陆首本杂志《读者》入台

8月25日，台湾"行政院"新闻局核准大陆杂志《读者》入台发行，这是大陆第一本获准进入台湾的杂志。《读者》入台后仍使用原名，但改以繁体字发行。估计售价在新台币50元以内。

陕西警方以涉非法经营为名进京抓走作家谢朝平 东莞警方以涉嫌传播淫秽物品罪拘留一语文教师

8月19日，陕西渭南市警方将前《方圆》杂志记者、自费出版了纪实文学《大迁徙》的作者谢朝平从北京家中带走，仅口头告知谢朝平涉嫌“非法经营”，一时舆论哗然，被媒体称为“渭南书案”。9月18日，谢朝平被取保候审。

9月26日，广东顺德北滘中学高三语文教师袁磊，因发表网络小说《在东莞》，被东莞警方以涉嫌传播淫秽物品罪拘留，9月30日被释放。

方舟子、方玄昌被袭案告破

9月21日晚8点，北京警方召开新闻发布会，宣告“二方案”告破，主谋是华中科技大学同济医学院附属协和医院泌尿外科主任肖传国。

记者深夜采访遭治安员围殴

南方都市报报道，8月31日0点50分左右，南方都市报记者张鹏与南方日报记者吴少敏在虎门博涌社区正常采访时，遭到该社区博头小组几名治安员阻挠，抢夺相机、手机。其间张鹏先后被4名治安员殴打，致使其右眼眼眶受伤，血流满面。

批评报道涉及企业 警察进京调查作者

中国青年报报道,7月21日上午，千龙网财富频道发表了一篇报道《瀚霖生物：中国生物化工行业的又一大忽悠》。报道发表后，两名作者阿良和刘洪昌，被企业所在地的莱阳警方派人调查。面对舆论质疑，莱阳警方表现坦然，“找记者是为了解写文章的背景”。

两记者吉林采访洪灾被扣留 警方删除录音照片

新京报报道，8月6日下午3时30分，两名在吉林采访洪水灾害的记者遭当地警方扣留调查。据遭扣留记者称，在派出所内他们遭到警察辱骂后，被要求删除照片和录音。据了解，遭扣留的记者分别为，《瞭望东方周刊》记者王立三和《南方周末》记者朝格图。

“十二五”，改革的大考

转变经济发展方式的根本出路还是改革。经过前几年对于改革本身的反思，如今的改革理应再出发。改革最难的地方就在于利益调整，因为“利益比几何公理还顽强”。改革者应该敏锐捕捉有利于转型的动力因素。

共同建设网络时代的政治文明

互联网络正逐渐成为社会大众有效整治参与、消解僵化体制、对抗不良权利行为的锐利武器。

执政者对网络的重视并不仅仅是一种姿态，而是一种深刻的认识与清醒的自觉。因为对于执政党来说，面对互联网络汹涌澎湃的态势，不能不闻不问做泥胎，也不能掩耳盗铃做鸵鸟。

温家宝政改讲话的波澜

深圳经济特区创建三十周年之际，温家宝在深圳发表讲话：“不仅要推进经济体制改革，还要推进政治体制改革。没有政治体制改革的保障，经济体制改革的成果就会得而复失，现代化建设的目标就不可能实现。”温表示，停滞和倒退不仅会葬送三十多年改革开放的成果和宝贵的发展机遇，窒息中国特色社会主义事业的勃勃生机，而且违背人民的意志，最终会是死路一条。

报人从业生态急需“绿化”

有研究者专门对我国报人进行了调查研究。在2009年8至11月的两个多月时间内，调查共收集了关于报业的有效问卷456份，来源于全国29个省、市、区。摘编如下：

报业从业者年轻化趋势明显，29岁以下从业者占到近半。

健康状况堪忧，从业者中经常和较常为自己的健康状况担心的分别占到32%和30%，总体达到62%。

职业信心不足，8成以上从业者对于职业抱着边走边看态度。估计自己会在报社一直干到退休的仅为13%，其余87%的从业者对于报社工作大都抱着边走边看态度。其中持大约再干若干年态度的占41%，目前还没拿好主意的占40%，不知道或没想过的占6%。

职业稳定感低，3成以上从业者认为当前工作不稳定或很不稳定，而认为稳定和很稳定的只有29%，分别为21%和8%。

超过一半的从业者认为记者工作最需要法律支持。

南方报业3份报纸跻身亚洲品牌500强

9月27日，由世界品牌实验室和世界经理人集团共同编制的2010年《亚洲品牌500强》排行榜揭晓。其中，中国大陆媒体18家，南方报业传媒集团旗下的《南方日报》、《南方周末》和《南方都市报》跻身其中，分别位列《亚洲品牌500强》的第218位、第165位、第186位，分别位居传媒分榜单的第22位、第11位、第15位。

A11

南方低碳指数特刊

南方低碳指数今日登陆深交所

打造中国低碳经济发展的绿色风向标

"巨潮·南方报业·低碳50指数"登陆深交所

9月20日，"巨潮·南方报业·低碳50"指数正式在深圳证券交易所挂牌，这也是国内证券市场上第一只以低碳为主题的指数。

A02

合作之旅·乡情之旅

南方日报独家专访国民党荣誉主席吴伯雄

"台湾·广东周"+ECFA通过是双喜

南方日报独家专访国民党荣誉主席吴伯雄

8月17日，南方报业传媒集团总编辑王春芙在吴伯雄台北的的办公室里专访了这位国民党荣誉主席。在谈笑间，吴伯雄娓娓讲述粤台之间的渊源、他与胡总书记会面的故事、自己的家事及从政经历。

南方记者港澳行启动　推动粤港澳更紧密合作

9月10日，为充分展示近年来粤港澳合作取得的成果和美好前景，南方报业传媒集团与粤港澳合作促进会联合启动"南方记者港澳行"活动，派出记者对粤港澳三地政府高层、业界代表以及民间人士进行深入采访，挖掘粤港澳合作背后的故事，探讨三地重大基础设施建设、服务业合作、医疗教育领域合作等热点问题。

本期焦点

「想象的共同体」

本期焦点「想象的共同体」

编者按

2008年的一篇采访稿中，记者问马云龙："在河南这么多年，你孤独吗？"马云龙的回答是："非常孤独。"

今年的一篇报道中，记者采访王克勤："能报道是偶然的，不能报道是必然的。"王克勤说："这真给人很大的压力，有时都让人喘不过气来。"

在这期傅剑锋的文章中，傅剑锋写道："记者，特别调查记者，是一个容易疲惫和孤独的职业。"

风雨如晦，鸡鸣不已。岂曰无衣？与子同袍。本期焦点"想象的共同体"旨在鼓励广大同仁砥砺前行，给未来以指引，予当下以希望。

插图 邝飚

对新闻职业共同体的愿景

□傅剑锋

傅剑锋

先讲两个故事，一个是因监督报道而南漂广州的调查记者姚海鹰的故事。他虽然没有能在武汉呆下去，但得到南方同行们的支持与认同，很快找到了工作。

这个故事让我有这样的感性判断：

不少有志于追求真相的人们，已形成共同的语话与思维方式，有着共通的理念与职业价值观。正因为此，当我第一次与南漂而至的姚海鹰见面时，竟无分南北，熟稔如故友。在新闻从业者这个职业群体里，已经有了一大批这样的人，他们因为对于真相、责任、正义的共同的神圣体认，而有了同声相应、同气相求的默契。这实际上意味着，转型中国的一个特别的职业共同体已在开始形成。

但另一个故事，又推翻了这种乐观的判断。南方周末的某位记者，和许多中央媒体一起去集体采访报道一个正面人物。结果他发现，他和体制内的不少同行，几乎无法交流，说话方式不一样，思维不一样，价值观不一样，生存方式不一样，所谓体制内外，确实是完全不同的两类人和两个世界。只有和央视新闻调查的记者与编导，是能够畅快交流的。

事实上，中国的数十万记者，在目前多样化的媒体形态之下，不管是价值观，还是生存状态，还是专业技能，利益诉求等，都有很大的不同，并不能形成一个全体成员的共同体，即使是一个精神意义上的全体成员的共同体，都是不可能的，更不要说是实体意义上的。但是，这并不能遮蔽一种趋势，即这个时代正在形成的新闻职业共同体的一种萌芽。

一、新闻职业共同体形成之研判

条件

首先要说一下，如果从严格的职业共同体的定义出发，不只是中国，就是在西方，也很难说有新闻职业共同体。

西方主流观点认为，在西方社会职业共同体只有两种；法律职业共同体（法官、律师和检察官）和医生职业共同体，有的还加上教师。其主要认同的标准是，这两个群体受过难度很高的比较一致的职业训练，拥有一套独特的话语体系，有着独特的利益诉求和价值观、伦理观。而记者、其他普通知识分子，首先在职业训练的难度上既不算高，也不一致。

在中国，就如前面所提到的，还有市场类媒体与非市场类媒体之分别，这两类记者在利益诉求和价值观、伦理观上，不但难寻一致性，有时甚至刚好是相背的。

可为什么还说，在中国，在我们这个时代，新闻职业共同体的萌芽已经在生发呢？

其实，在新闻记者中，至少有个小群体，是显得有些特别，那就是深

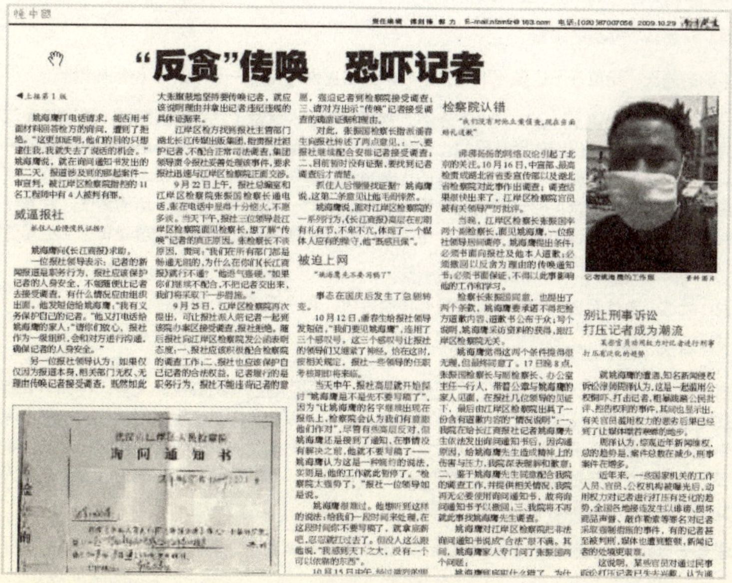

"反贪"传唤 恐吓记者

◄上接第1版

姚海鹰打电话请求，能否用书面材料回答检方的询问，遭到了拒绝。"这更加证明，他们的目的只想逮住我，我就失去了说话的机会。"姚海鹰说，就在询问通知书发出的第二天，报道涉及到的那起案件一审宣判，被江岸区检察院指控的11名工程师中有4人被判有罪。

威逼报社

抓住人后慢慢找证据？

姚海鹰向《长江商报》求助。

一位报社领导表示：记者的新闻报道是职务行为，报社应该保护记者的人身安全，不能随便让记者去接受调查，有什么情况应由组织出面。他发短信给姚海鹰："我有义务保护自己的记者。"他又打电话给姚海鹰的家人："请你们放心，报社作为一级组织，会和对方进行沟通，确保记者的人身安全。"

另一位报社领导认为：如果仅仅因为报道本身，相关部门无权、无理由传唤记者接受调查。既然如此大张旗鼓地坚持要传唤记者，就应该说明理由并拿出记者违纪违规的具体证据来。

江岸区检方找到报社主管部门湖北长江传媒出版集团，指责报社袒护记者、不配合正常司法调查，集团领导责令报社妥善处理该事件，要求报社迅速与江岸区检察院正面交涉。

9月22日上午，报社总编室和江岸区检察院张振国检察长通电话，张在电话中显得十分恼火，不愿多谈。当天下午，报社三位领导赴江岸区检察院面见检察长，想了解"传唤"记者的真正原因。张检察长不谈原因，質问："我们在所有部门都是畅通无阻的，为什么在你们《长江商报》就行不通？"他语气强硬，"如果你们继续不配合，不把记者交出来，我们将采取下一步措施。"

9月25日，江岸区检察院再次提出，可让报社派人将记者一起到该院办案区接受调查，报社拒绝。随后报社向江岸区检察院发公函表明态度：一、报社应该积极配合检察院的调查工作；二、报社也应该保护自己记者的合法权益，记者履行的是职务行为，报社不能违背记者的意愿，强迫记者到检察院接受调查；三、请对方出示"传唤"记者接受调查的确凿证据和理由。

对此，张振国检察长指派潘春生向报社转述了两点意见：一、要报社继续配合安排记者接受调查；二、目前暂时没有证据，要找到记者调查后才清楚。

抓住人后慢慢找证据？姚海鹰说，这第二条意见让他毛骨悚然。

姚海鹰说，面对江岸区检察院的一系列行为，《长江商报》高层在初期有礼有节，不卑不亢，体现了一个媒体人应有的操守，他"甚感且佩"。

被迫上网

"姚海鹰先不要写稿了"

事态在国庆后发生了急剧转变。

10月12日，潘春生给报社领导发短信，"我们要见姚海鹰"，连用了三个感叹号。这三个感叹号让报社的领导们又绷紧了神经。恰在这时，按相关规定，报社一些领导的任职考核即将来临。

当天中午，报社高层就开始探讨"姚海鹰是不是先不要写稿了"，因为"让姚海鹰的名字继续出现在报纸上，检察院会认为我们有意跟他们作对"，尽管有些高层反对，但姚海鹰还是接到了通知，在事情没有解决之前，他就不要写稿了——姚海鹰认为这是一种婉约的说法，实则是，他的工作就此暂停了。"检察院太强势了，"报社一位领导如是说。

姚海鹰很难过。他想听到这样的说法：给我们一段时间来处理，在这段时间你不要写稿了，就拿来断吧，忍忍就扛过去了。但没人这么跟他说。"我感到天下之大，没有一个可以依靠的东西"。

10月15日中午，经过激烈的思……

检察院认错

"我们没有对他立案侦查，现在当面赔礼道歉"

沸沸扬扬的网络议论引起了北京的关注。10月16日，中宣部、最高检责成湖北省省委宣传部以及湖北省检察院对此事作出调查；调查结果很快出来了，江岸区检察院官员被有关领导严厉批评。

当晚，江岸区检察长张振国率两个副检察长，面见姚海鹰，一位报社领导居间调停。姚海鹰提出条件：必须书面向报社及他本人道歉；必须撤回以反贪为理由的传唤通知书；必须书面保证，不得以此事影响他的工作和学习。

检察长张振国同意，也提出了两个条款，姚海鹰要承诺不得把检方道歉内容、道歉书公布于众；写个说明，姚海鹰采访资料的获得，跟江岸区检察院无关。

姚海鹰觉得这两个条件提得很无理，但最终同意了。17日晚8点，张振国检察长与副检察长、办公室主任一行人，带着公章与姚海鹰的家人见面，在报社几位领导的见证下，最后由江岸区检察院出具了一份含有道歉内容的"情况说明"：一、我院在给长江商报社记者姚海鹰先生依法发出询问通知书后，因沟通原因，给姚海鹰先生造成精神上的伤害与压力，我院深表理解和歉意；二、鉴于姚海鹰先生同意配合我院的调查工作，并提供相关情况，我院再无必要使用询问通知书，故将询问通知书予以撤回；三、我院将不再就此事找姚海鹰先生调查。

姚海鹰对江岸区检察院把非法询问通知书说成"合法"很不满。其间，姚海鹰家人专门问了张振国两个问题：

姚海鹰到底犯什么错了，为什……

记者姚海鹰的工作照 李林 图片

别让刑事诉讼打压记者成为潮流

某些官员动用权力对记者进行刑事打压有泛化的趋势

就姚海鹰的遭遇，知名新闻侵权诉讼律师周泽认为，这是一起滥用公权恫吓、打击记者，粗暴践踏公民批评、监督权利的事件，其间也显示出，有关官员滥用权力的恶劣后果已经到了让媒体噤若寒蝉的地步。

周泽认为，综观近年新闻维权，总的趋势是，案件总数在减少，刑事案件在增多。

近年来，一些国家机关的工作人员、官员、公权机构被曝光后，动用权力对记者进行打压有泛化的趋势，全国各地接连发生以诽谤、损坏商品声誉、敲诈勒索等罪名对记者采取强制措施的事件，有的记者甚至被判刑，媒体也遭到整顿，新闻记者的处境更艰难。

这说明，某些官员对通过民事诉讼打压记者已失去兴趣，认为通……

度报道记者（包括社会调查记者、财经类调查记者、法治类调查记者等）。这个群体，先从理论上来说，存在构成共同体所需要的条件：

1. 有难度很高的较为一致的训练或从业经历。中国现在已经有一些调查报道，即使是以普利策新闻奖的标准来衡量，也是有资格去参评的。但是，中国的这些深度报道记者所受到的限制，以及生存与安全的压力，远大于西方调查记者，也就是说，他们已经不是简单地依靠勇气与激情，还有成熟的、高度智能化的技艺。

这个圈子其实是共同体的雏形。例如中国青年报特别报道和冰点的一些记者，瞭望东方周刊、中国新闻周刊、央视新闻调查的一些记者，他们虽然处在党报党台的体系内，但他们与市场化媒体共同语言很多，如南方周末、胡舒立团队、三联生活、凤凰周刊、南方都市报深度部等，另外还加上腾讯深度、网易深度还有天涯的一些编辑，其实形成了一个这么松散的圈子。

2. 有共同的外部压力与威胁，这种外部压力也促使这个深度报道记者需要有一个共同体成为他们的庇护所。如前所述的姚海鹰、刘原（从南国早报到了潇相晨报）等，他们因为做了监督报道，被迫辞职。这种已经出现或潜在的威胁时时压抑着深度报道记者们，他们的报道总是易触到那些相对黑暗与敏感的利益、权力，他们也是新闻从业者中最易受到伤害的。

《南国早报》副总编刘原被撤感言

八月，一场马不停蹄的别离

10年前的夏天，我离开了这张报纸。10年后的这个夏天，我再一次，离开了这张报纸。

在一个小时前的会议上，正式文件下来了。宣读完毕后，我说了几句临别感言。我说：我两进两出，此生与这张报纸的缘分已尽，但我依然非常感激这张报纸。它曾两次改变过我的人生航向，一次是11年前，它让我从小镇的水电站走到省城，开始了我的新闻生涯，还有一次是两年前，它让我从京城回到故乡。我毫无怨言地接受一切处罚，承担一切的责任。我真诚地祝愿我的同事们，现在是前同事了，继续把这张报纸办好，在坚持新闻理想和报人良知的同时，也要注意规避风险。

我说，就这个事情而言，我于自己的良心没有亏欠。我是干净的，坦荡的。

谢谢所有的同事们。

此刻的我，没有怨怼，只有感恩。我已经中年了，我理应有这样的胸襟。况且，在许多人看来非常重要的东西，于我来说从来就不是命根子。我一直相信，已经发生的任何事情都是你此生必须经历的，所有的怨怼都没有意义。所以，这段时间我一直很轻松。更何况，我多年前在南都的时候，先后有四位管过我的老总先后被撤职，司空见惯，习以为常。凡是从南方报业出来的人，心态都会和我一样淡定。

人生是一场旅行，能够看到不同的风景，不同的面孔，就是一种幸福。

所以，他们是记者中最需要有共同体作为家园的群体，以抵抗精神上的不安。如果在现实层面，这个圈子，这个共同体的成员还能帮他们解决被辞退后的就业问题，帮他们在受到伤害时给予声援（如新京报深度记者孔璞、南方人物周刊记者卫毅在邓玉娇案采访时被打，央广中国之声与财经杂志就给予声援，姚海鹰被威胁南方周末声援）。

3. 有初步的共同利益、伦理标准与价值标准。深度记者是中国最有新闻职业主义精神的群体，他们认同对新闻现象与事实作独立、深入、客观的调查与研究，认同新闻记录真相、推进社会正义、影响制度安排的价值追求，认同尊重个人隐私、采访中的最小伤害原则、独立监督公权力、以维护公共利益为记者职责的伦理标准。

在中国媒体与记者深受权力与金钱所左右的当下，相对来说，深度记者应该是最干净、最有坚持的一个群体。他们的共同利益诉求就是尽最大可能地报道真相，获取职业荣誉与个人价值之实现。这使得深度记者无论南北、无论西东，有了同声相应、同气相求的价值观基础与心理基础。

现状

现在中国的深度记者，尤其是以做社会、财经监督类调查见长的深度记者，其共同体特征呈现的尚是碎片化的状态。这些碎片既充满着生机与活力，也非常脆弱，需要在组织结构上、价值观上做更为系统的整合。

深度记者分布在体制内外的各地媒体中，网络成了一个整合器。目前运转得比较好的，有中国调查记者群的“小刀网”。他们经常会在群里讨论线索与选题，评议报道的得失好坏，分享共同的感受与志趣。小刀网里的记者，不管走到哪个省，相互之间都会有种亲切感，相互援助也是变成自然的事。

这应该算是松散的共同体的一部分碎片吧。

胡舒立曾执掌的《财经》，通过财经奖金学，其实形成了一个财经领域调查记者的松散共同体。这个共同体通过选拔本身奖励优秀者，在培训中，深度记者们分享从业经验、学习更高技能、整合与传播专业主义价值观。非常可惜，现在这一奖金学因为胡舒立的出走而停顿了，希望她在新的平台上，仍能创立一个这样的奖学金。因为其功能已远超出一般的奖学金功能，只要坚持，时间会证明，它在整合深度记者这个共同体方面，会起很重要的作用。

展江教授的舆论监督研讨会，甚至是 ICCD 的系列研讨会，在整合共同体，即共同的职业观、高难度技能训练等方面也起了示范作用，也是广义的松散和共同体。

有公信力的、以推动社会正义与制度改善为标准的新闻同业评判与奖励，对形成新闻共同体是有巨大的整合、刺激与凝聚作用的。如美国新闻界的普利策奖。

总体来说，碎片与萌芽，是我对我们的职业共同体的基本判断。中国新闻界，若想形成良性的新闻职业共同体，则非常需要有公正的学术评议作为力量整合，非常需要公正的行业奖励作为凝聚力量，非常需要有系统的同业公议作为监督力量。

趋势

官方的新闻奖未能统一业界共识。但深度记者们的共识，已在突破体制内媒体与市场类媒体的界限，如央视的调查记者，与财经的调查记者、南方周末的调查记者，在业务交流、价值观、职业伦理交流上并无太大分歧。

这是因为，职业、小圈子对记者的心态、思维方式与价值观的型塑，往往要大过他所在单位对他的影响。

宏观地历史地看，在过去，等级分明的事业单位的新闻媒体，记者与记者之间虽职业相同，但有媒体之分、等级之分、尊卑之分、价值观之分。但随着媒体职业多年的市场化、随着市场类媒体的渐趋成熟，新闻从业者原有的界限开始打破，共同的操作技艺、共同的伦理、价值观开始形成。共同的外部境遇，如媒体舆论权的保障不足甚至恶化，亦成了促成共同体共同应对的外因。而转型中国对各类媒体的需求，在多样化之下又有着巨大的一致性，即公众希望不管是纸媒、广电媒体还是网络媒体的传媒人，都能承担起关注社会真问题、疾呼社会正义的道德责任。于是，一种新的共同使命感、评价体系、职业荣耀感也开始在这个新闻类群里形成。这正如法律职业共同体，因为共同有通过法律技艺实现社会正义的追求，而凝聚成了世人所公认的职业共同体。

中国新闻职业共同体的起点就是深度记者的职业共同体。这个职业共同体，可能会引导传统媒体和网络媒体的新闻从业人员的价值共同体的整合。

未来中国的新闻共同体的发展，需要两个条件，一个是政治条件，要有更加开明的政治；另一个是经济条件，媒体的市场化，越市场化，就越需要有以公共利益为至上追求的调查报道，调查记者的技能就会更成熟，群体就会更大，从而利于共同体的发育。

目前中国的这两个条件改善很慢，但一直在蜗牛般前进，我仍抱有审慎的乐观与信心。

二、职业共同体的功能研判

新闻职业共同体的形成对于新闻记者这个群体自身，还有是对社会与政治进步，都是可产生良性互动与良性演进的。

我试图从内部和外部功能两方面进行分析。

内部功能

1. 精神鼓励功能。

一篇好的报道，在共同体内得到肯定，其给记者带来的满足感往往比普通公众要更高。所以，共同体的评判会对共同体成员的职业起正向激励作用。

记者，特别调查记者，是一个容易疲惫和孤独的职业。共同体的成员可以相互取暖。我的同事何雪峰曾说过这样的话："现在这个社会中，精神同盟非常重要，在一个社会中，做一个前行者，是一件很孤独也很无助的事情，就需要精神同盟，这有实际的帮助，也有彼此鼓励互相温暖的精神支持。"

2. 技术交流功能。

调查记者，作为记者中专门化最强的一个种类，共同体中的技术交流

马云龙：我就是一堂吉诃德

http://news.QQ.com　2008年09月23日16:39　大河网　我要评论(8)

第 1 2 页

1997年夏，河南省委宣传部组织了一个"学三讲"读书夏令营活动，组织全省"学三讲"中的青少年积极分子到香港、澳门游玩。可是大河报记者采访中却发现，30名营员中，居然有28人是省市县各级宣传部的官员，真正符合青少年身份的只有两人。这稿子发不发？编前会上，主导意见是"这是直接批评我们的直接上级，算了吧，不发了。"马云龙坐不住了："这是好新闻，当然要发。"两下争执之际，马云龙当场操起电话，按了免提键，给当时的省委宣传部长林炎志家里打电话。他在电话里将稿子读完，林炎志静默片刻说，"宣传部也要接受舆论监督。我的意见是发出来。"

第二天，这条破天荒的新闻在头版头条刊出。

类似的事情多了，"马云龙一见好新闻就兴奋"、"马云龙做新闻，六亲不认"之类的说法开始传开。甚至有部下在办公室当着马云龙的面，半是玩笑半是感慨地脱口而出："你就是一堂吉诃德！"马云龙闻听此言，哈哈大笑。

也是层次最高的。如小刀网、财经奖学金等，一些调查技术的交流，对如何理性、智慧、守法地获取信息、查明真相，扩充记者的视野与研判能力，都是非常有价值的。

3. 资源共享、风险分担与互助功能。

由于职业共同体有着共同认可的价值观与伦理高标，如揭示真相、守护社会正义被他们自许为职业使命。当一名深度记者因揭露真相的调查报道被这个地方某权贵驱逐的时候，就可以到另一个地方继续完成他的使命与职业理想。即只要他的职业清誉在，他就会在共同体内受到尊重与认同，他就可以不愁饭碗。此时，这个共同体就表现出互助功能。

一些风险大的线索，这些调查记者还可以约定“群起攻之”，如以前的南丹矿难，后来的成都自焚事件等。还有一些线索，这个地方的调查记者做不了，就会给另一个地方的调查记者。这些，就表现出了资源共享与风险分担的功能。

4. 制约机构利益的功能。

记者的利益与所服务机构的利益，并不一定总是重合的。机构有可能屈于金钱和权力，让记者去做违背职业伦理的事。这时，有了共同体的记者，就不用再像以往那样，为了饭碗而苟且，他因此找到了高于机构利益的归属感，即他找到了个体的庇护所——新闻职业共同体。这个庇护所既是他的精神家园，又是他藉以形成职业安全感的所在。

在这方面在美国有例子。1933 年纽约的专栏作家布龙（Heywood Broun，1888-1939 年），号召成立的全美报业公会，同年，布龙为首的纽约记者，出版了第一期的《公会记者》。布龙是第一任会长，其公会的目的是“通过集体谈判维护会员的职业利益和改善他们的工作条件，并且提高新闻工作的标准”。报业公会还成立了“梅利特争取自由和负责的报业基金会”，资助地方社区的报业评议会，鼓励创办批评性的媒介评论刊物，谨慎地争取就办报方针向报纸管理层提供更多的发言权。1995 年，报业公会和美国传播工作者协会合并。

这样一个同业组织，对机构利益是有制约作用的。所以，只要不听报社的，常常会成为流浪记者，如马云龙、刘原、姚海鹰等人。所以，屈服于机构利益，哪怕是违背职业伦理的事，也是常态。

5. 惩戒业内败类与行业自律的功能。

新闻职业共同体的社群在雏长成形，但相反的力量也在消解这个共同体的形成，如媒体对商业利益的过度追求、新闻从业者因为掌握话语权而接受贿赂及享用灰色收入，由此造成的败坏必然会破坏与扰乱这个共同体的发育。

而共同体由于有相对统一的伦理标准与价值观，内部会比较注重职业声誉，某记者一旦出现问题，就会被共同体所唾弃，他就会无法在其中立足。强大的行业自律规范藉共同体而落地生根——职业新闻人只要在业内褒有行业清誉，就永远不会丢饭碗。从而，共同体成为一个相对公正的、动态的自律行业。

社会与政治功能

1. 抑制钱权干涉、改善舆论的公信力的功能。

这种共同体一旦形成，不只是对新闻从业者，对社会整合也是有积极的意义的。目前的一些媒体因为过度看重商业利益或权力因素，变得高度庸俗化，乃至完全放弃媒体的公共责任。由于新闻职业共同体这个群体是一个强大的理念与价值观的集合体，可对之形成内部制约。举个例子，如果一篇报道因为被商家买通而不敢发表，这位记者可能会因为理想而把这篇报道转给另一家敢于刊登的媒体。他的行为因为追求真相而得到同行尊重，他因此容易得到共同体的帮助与接纳，故也不怕丢饭碗。而对社会来说，有利于形成良性的不被商业与滥权者左右的舆论环境。

2. 扩张公众知情权的功能。

目前，信息公开条例等国家法律，已经为社会知情权的扩张作了法律准备，但靠单个的诉讼推动，现在看来效果有限。故媒体的推动显得更为迫切。但媒体推动须转化为共同体的力量。现在，中国记协在新闻侵权立法的建议稿中认为，四种情形下，媒体机构不承担侵权责任：消息具有权威性来源；报道特许发言；正当行使舆论监督权；以公共利益为目的的其他传播行为。这一建议并未被纳入立法议程，但显然可以成为凝聚共同体之共识的一个机遇。在共同体支援下的媒体记者，也在有限的空间内做更独立与深入的报道，从而在事实上扩张公众知情权。

3. 推动制度改善。

新闻职业共同体的目标就是推动公共利益与制度改善。如能自觉担负起历史责任，对政治进步的推动也就是题中之义的事，在此就不详述了。

总之，我希望，在未来的某些年后，会有这样一个新闻职业共同体，它将以超越于地域、等级、媒介属性、机构利益的方式而存在，它会去主动承担这个时代所要求它的历史责任，并成为推动中国进步的力量之一。

（作者系南方周末编辑）

反暴力是构建媒体职业共同体的最大公约数

□石扉客

石扉客

今年以来所出现的记者在职务行为中遭受的阻挠与攻击现象，其密集程度与暴力程度，堪称近四五年以来所罕见，到八九月份时更是达到高峰，“记者劫”一词，由此浮出水面。在新浪围脖上，更有论者提出记者与警察之间的矛盾，会逐渐成为中国社会未来的主要矛盾。

最后这个提法，猛一听自然有不无偏激与悲愤之感，但细琢磨下来，倘若我们承认记者背后实际代表着公众日益高涨的知情权，警察背后实际代表着不受制约的公权力，这对明面上的“记者与警察”之间的矛盾，自可置换成为具备相当合理性的“人民群众日益增长的权利觉醒与维权意识和公权力机关不透明无边界的权力行使方式”之间的矛盾。

前述论证如果成立，媒体职业共同体的建立，毫无疑问就已经成为摆在我们面前的一个当务之急。

一、当下中国并没有真正的媒体职业共同体

首先得承认，无论是在各种各样的媒体圈里，还是在社会公共生活空间里，当下并不存在严格意义上的新闻职业共同体。

在媒体分类上，恐怕我们有全世界媒体行业最为复杂的分类标准，我

们有所谓中央媒体和地方媒体之分，党报和都市报之分，主流媒体和市场化媒体之分，本地媒体和外地媒体之分，行业媒体和大众媒体之分，传统媒体和网络媒体之分。在网络媒体里，又有政府网站和商业网站之分，门户网站与地方网站之分，综合网站与专业网站之分等等。

这种相当复杂的层级划分与分类，背后是复杂的权力格局，承担的是不同的传播功能，体现的是不同的利益机制，形成的是四分五裂的媒体从业人员结构，生产的是五花八门的媒体产品。

在此格局、功能、机制、结构和产品的基础上，很难想象会有基本行业共识的产生，会有核心价值观的形成。更难想象会产生对共同公共命题的同声相应同气相求。

复旦大学青年教师张志安在到部分传统党报与市场化报纸之间穿插调研后，就曾感叹这两类媒体从业人员完全是两类完全不同的群体，在关注对象、思维方法、职业规划上截然不同。的确，在面对一个共同命题时，很难想象《解放日报》和《南方都市报》的编辑记者会有大致相同的分析工具，很难想象《民主与法制时报》和《财经》杂志会有大致重叠的操作思路与行业规范。

在这方面，同样在走法律人职业共同体的律师行业，情况虽然同样不容乐观，但远没媒体行业内这般纷繁复杂与精神分裂。如律师业内虽有圈子和层级划分，但在触及到行业核心利益的命题上，却能发出指向相对一致的声音，如李庄案中，刑辩律师就曾呼吁“护法运动”。

从外部环境看，中国记协算是目前唯一的带行业协会性质的全国性机

构，其在新闻职业共同体的构建方面和律协在律师行业所承担的行会功能相比尚有更多不足。

所以，两个靠谱的观察结论是：在当下中国，尚无严格意义上的新闻人职业共同体存在。在职业共同体的构建轨迹上，记者行业与律师行业都尚在起步中，但前者的发育程度远不及后者。

二、反暴力是构建媒体职业共同体的最大公约数

但情况尚不到如此悲观的地步，综合市场化媒体在一线新闻实践中的案例看来，不同媒体单位、不同媒体人群、不同地域媒体之间，还是有某种交集的，这种交集空间多集中在逐渐追求传播效果、逐渐认同新闻专业主义、逐渐重视市场反馈等方面。但或多或少的还会受制于前述第一节所述的媒体属性背后的权力格局、传播功能、利益机制、人员结构、媒体产品等综合因素。

此外，面对愈趋收紧的管制口径和层出不穷的恶性阻挠采访事件，应对日渐恶化的媒体环境，日渐成为不同媒体之间的重要交集，此间空间最大，也最容易成为共识和最具可行性的，恰是坚决反对各种针对媒体从业人员职务行为的暴力侵害。

首先，暴力侵害行为的普遍性使反暴力的同业互济成为必要。以大陆之大，媒体之多，这三十年来，要找到还没有遭遇过暴力阻挠与侵害采访的媒体，恐非易事。从人民日报、央视和新华社这样的传统中央喉舌型媒体，到南周和南都这样的一线市场化媒体，再到地方党报这样的普通型媒体，都曾经遭受过暴力阻挠采访之困。换句话说，即便是具备某种行政权力功能的权威媒体，其从事采访职务的从业人员，也无法免于暴力侵害。我们也许未必能做到法律面前人人平等，对媒体从业人员来说，倒是做到了暴力（非法侵害）面前人人平等。

其次，反对暴力侵害行为，具备天然的合法性，无需顾虑任何意识形态和专业技术分歧所造成的障碍。构建媒体职业共同体，本来最理想的战略当是首先统一和凝聚核心价值观，但此举在当下几无可能，反暴力即是从最易处着手。

第三，反对暴力侵害行为，在当下最具备可行性。反对暴力侵害行为，大多是从个案着手，是非清楚，法律关系简单，运作快捷，很容易打通不同级别不同种类不同地域媒体之间的壁垒，从而结成类似媒体人同声相求同气相应的统一战线。

以伊春空难采访为例，部分到达现场采访的媒体从业人员在遭受到当地警方的暴力对待后，数名记者即制作了“警察不能非法抓记者”的宣示牌，以向当地政府公开示威的方式，成功地迫使肇事方道歉，并使采访得以完成。

这是一个非常成功的短平快式媒体反暴力联盟，很有分析价值。其组织模式是能短时间内迅速集结的半紧密半松散型（实质上是以具备媒体人身份的个人结成了雏形的反暴力媒体联盟）；其宣示模式是非暴力的玉米粉丝式（这种一人一块牌子的宣示模式，是最为有效也最能分散风险的）；其反对方式是非暴力的（除了危急情况下必要的正当防卫，任何时候的以暴易暴都会使得反暴力丧失合法性）；其传播效果是见好就收型的（见坏就上和见好就收是两个基本策略）。

值得注意的是，重庆打黑的庭审活动中，部分无法进入法庭旁听的媒体记者，也曾经用过类似模式向当地法院和宣传部争取到了部分旁听权。伊春模式，其萌芽应始于重庆。

三、作为最大公约数的媒体同业反暴力概念与范围

媒体同业反暴力的概念，应包含以下三个部分：

反对针对记者职务行为所进行的任何暴力，无论是性质轻微的阻挠与推搡，还是相对粗暴的肢体接触，还是上升到涉嫌犯罪的故意伤害，都应属于媒体同人共同反对与救济的范围。

反对任何主体针对记者职务行为实施的暴力，无论实施主体是自然人还是单位甚至是公权力机关。需要甄别的是，以警察等为主体的执法机关在执行现场警戒和临检等任务时，也常常会伴随暴力行为。但公权力的行使应以法律为边界，所有违反程序于法无据的公务暴力，亦应属于媒体同人共同反对与救济之列。

反对针对任何记者的职务行为实施的暴力，无论记者所属单位级别高低，记者分工领域有何不同，记者职务行为有无违反执业纪律等。无论党报和市场化报纸的记者，中央媒体和地方媒体的记者，调查记者和娱乐记者，恪守新闻专业主义的记者和通俗意义上的传统记者，其所遭受的暴力行为，均在媒体同人共同反对与救济之列。

这可能是一个需要重点甄别的问题。前段时间郭德纲和 BTV 记者的冲突，舆论焦点即集中在狗仔队即娱乐记者是否该打的问题上。这是个令人悲哀的话题，我以为这个行业只有分工不同，没有高低贵贱之分。倘若娱乐记者的执业权利得不到有效保护，那么调查记者的死期也不会远。

除此之外，公民记者是否能纳入媒体人职业共同体，也成为一个有争议的话题。有论者认为公民记者泥沙俱下，更兼无媒体单位进行管理，故应排除在外。

台湾的做法则是比较开放，台湾新闻记者协会会长杨伟中在一次访谈中和笔者谈到，台湾记协从成立之初的章程里就已经把从公民记者到大学新闻院系传播学科学生都纳入了记协保障范畴。

大陆传播学界亦有不少学者主张把公民记者纳入媒体职业共同体的反

首都记者援助项目启动 12名记者获援助

2010年09月20日 00:00 中国产经新闻报 【大 中 小】【打印】 共有评论0条

中国产业报协会执行秘书长刘灿国近日对记者说，该协会业已启动了中国首个援助困难记者及家庭的项目——首都记者援助项目。

有12名记者成为首批受援者，其中包括最近在伊春空难中因公遇难的中国经济导报社记者胡文雅亲属、在伊拉克受辐射等战争伤害严重的新华社战地记者宋聃，以及调查采访过程中遭受严重的身心伤害的经济观察报记者仇子明等。他们分别获得5000元人民币的援助金。

作为发起人的刘灿国说，期望这个项目可以鼓舞记者们更好地完成 “瞭望者”的使命，同时帮助真正需要的记者和家属，有助于社会对记者的职业认同，鼓励广大记者恪守职业底线。据介绍，首都记者援助项目面向的是中央和北京媒体的新闻工作者。其主要援助对象是因进行合法新闻采编工作而遭受身心较重伤害的；本人患有重大疾病或出现意外事故的；在合法新闻采编工作中产生纠纷需要正常维权的等。（中新网）

暴力保护范围，如在 2008 年初湖北天门城管打死拍摄城管暴行的市民魏文华一案中，展江教授就曾写过一篇题为《城管打死了一个真记者》的短评，曾谈到公民记者的法理基础："《中华人民共和国宪法》规定，公民有言论自由和出版自由以及批评国家机关工作人员的权利，不需要那个本本也可以当记者；在今天的互联网时代，人人都可能借助新媒体成为公民记者，行使胡锦涛在十七大报告中所倡导的公民知情权、参与权、表达权和监督权。"

展江进而痛切地指出："那个被城管打死的不是与新闻工作无关的人，而是一个真记者，一个冒死的真相记录者，一个令媒体中那些阿谀奉承之辈和借新闻敛财之徒钻地缝的大写的人。如果中国有普利策奖，我推荐他得那个在 14 个奖项中金光闪闪的第一项——为公众利益服务奖。"

厘清媒体同人反暴力的概念后，接下来的第二个问题即是反暴力的内容，即都能做些什么。

就中长期目标而言，应当是成立类似 NGO 一样的专业从事媒体反暴力研究的媒体同人机构，再依托此类机构进行跨媒体工作，诸如数据和案例收集、资料研究、培训与预防、干预与调查、声援与抚恤、法律援助等。实际上前三者属于当下就可以操作的短期目标，后三者则囊括了针对某一具体暴力事件的救济三步曲，每一步均需精打细算之。

前不久中国产业报协会启动了国内首个援助困难记者及家庭的项目——首都记者援助项目。该协会执行秘书长刘灿国认为"该项目填补了我国记者受援助领域的空白，能够鼓舞记者们更好地完成'瞭望者'使命"。尽管这个项目基本依托官方机构，既非专门针对暴力行为而设，也设定了未必合理的门槛，此举仍可视为上述环节中声援与抚恤一环的萌芽。

（作者系南都周刊主笔）

新闻职业共同体呼之欲出？

□展 江

展 江

写下这段文字的时候，2010年尚存两月有余。然而笔者似乎有一种胆量断言：无论是连续发生的媒体记者被打、被通缉、被扣留等，还是个别媒体迫于公权淫威而置自己记者的安危于不顾，它们已经向我们昭示，这个年份将以言论、出版自由在中国的艰难前行和部分媒体人试图建立新闻职业共同体的宝贵努力而在历史上占有一席之地。

一

在一个记者应该不应该拿红包都达不成共识的行当里，建立职业共同体在当下有可行性吗？

在记者和媒体屡屡"受难"之际，尤其是在有媒体不惜出卖员工时，我想许多媒体人更会同意英国人齐格蒙特·鲍曼(Zygmunt Bauman)所言："'共同体'这个词传递的感觉总是很美妙的。共同体是一个温暖而舒适的场所，一个温馨的'家'，在这个家中，我们彼此信任、互相依赖……它就像是一个屋顶，在它的下面，可以遮风避雨；它又像是一个壁炉，在严寒的日子里，靠近它，可以暖和我们的手。可是，在外面，在街上，却四处潜伏着种种危险。"

然而，鲍曼先生的话还没有说完——"'共同体'不是一个已经获得和享受的世界，而是一种我们热切希望栖息、希望重新拥有的世界。这是一个失去了的天堂，或者说是一个人们还希望能找到的天堂。”这番话好像就是说给中国新闻界听的，它既挑明了建立中国新闻职业共同体的迫切性，也暗示了它的某种乌托邦性质。

新闻记者是不是一个像法官、律师、医生、教师那样的独立职业？这个问题在中国和西方都存在争议。经过200年左右的发展演化，尤其是20世纪的成长，独立的新闻业在美英等西方国家不断成长，加之新闻和媒体教育在高等院校实现建制化，新闻专业主义及其教育逐渐成为主导性的共享价值观和新闻实践指南。

20世纪初，美国报业巨擘普利策欲给高校“常春藤联盟”成员之一的哥伦比亚大学捐款，设立新闻学院和新闻奖，其最初动议遭到哥大校董会的婉拒，理由正是校董们不认为新闻是一个正经职业，既然大学不需要设立水手专业，大学当然也就不必分出宝贵资源去培养记者。经过普利策的苦口婆心，哥大才接受了其捐助要求，这才有了今天享誉世界的哥伦比亚大学新闻学院和普利策新闻奖，而且普利策的如下预言已成现实：到20世纪末，新闻学院将如同法学院和医学院一样在美国遍地开花。

尽管如此，在西方国家，新闻事业仍然受到法律、医疗等其他更成熟职业的质疑。笔者去年到法国媒体考察时被告知，法国报业是由作家和文学家在20世纪催生的，记者至今社会地位虽有提高，但是无法与法官、医生相比。新闻学作为大学的一个专业，其地位也不够稳固，其他学科经常发出的挑战是：为什么培养记者的专业教师没有博士学位？今天，新闻学院教师多为出自“象牙塔”的高学历者，上述现象得到改观，但随之而来的可能是业界和学界的彼此隔膜乃至互相鄙视，以至于媒体往往避免从新闻学院的单一渠道招纳新人。

这种来自新闻业内外的质疑、挑战和冲突，给

血统复杂却影响力日增的中国媒体平添困扰：大家都知道媒体有为民请命的职责，舆论监督让一些媒体享有“青天”之美誉；另一方面，在记者应该不应该拿红包都达不成共识的一个行当里，建立职业共同体在当下有可行性吗？

二

不久前读到代理李庄律师“被打黑案”的陈有西律师的文章《为什么新闻界看上去比法律界团结？》，让我们看到了新闻职业共同体的曙光。

中国的新闻工作者，在历史的进程中扮演了不同的角色，脱胎于知识分子，后来在党营媒体的体制中成为了“无产阶级的新闻战士”。但是，这样统一、单纯的身份认知随市场经济而分化。可以说，当下“新闻工作者”理论上不难定义，但是现实身份却很难厘清，甚至在多元理念、多重力量的拉扯中已经丧失了作为新闻工作者应有的尊严和社会责任，被社会环境裹挟，本来为社会底层呐喊的“社会良心”自身却沦为弱势群体。网络上流行的一些打油诗部分真实地反映了当前媒体工作者的生存现状：

“投身新闻英勇无畏，报道采访貌似高贵，其实生活极其琐碎。为了生计吃苦受累，走乡串巷终日疲惫。稿子被毙昏天黑地，加班加点继续卖力，日不能息夜不能寐，领导一叫立即到位，一年到头加班受罪。劳动法规统统作废，身心憔悴暗自流泪。屁大点事反复开会，逢年过节家人难会，分分秒秒不敢离位。采访应酬经常

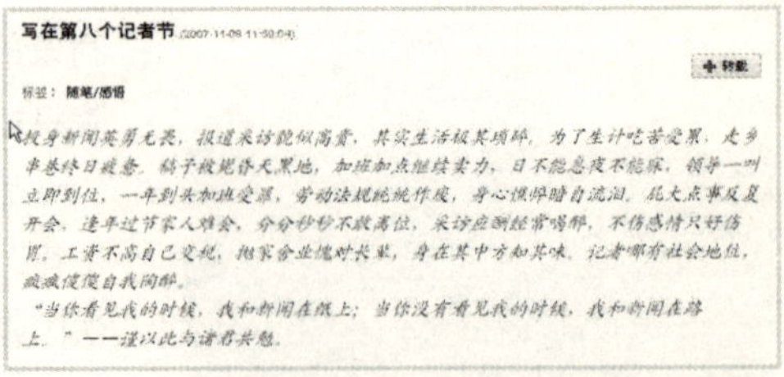
写在第八个记者节(2007-11-08 11:50:04)

转载

标签：随笔/感悟

投身新闻英勇无畏，报道采访貌似高贵，其实生活极其琐碎，为了生计吃苦受累，走乡串巷终日疲惫。稿子被毙昏天黑地，加班加点继续卖力，日不能息夜不能寐，领导一叫立即到位，一年到头加班受罪，劳动法规统统作废，身心憔悴暗自流泪。屁大点事反复开会，逢年过节家人难会，分分秒秒不敢离位，采访应酬经常喝醉，不伤感情只好伤胃，工资不高自己交税，抛家舍业愧对长辈，身在其中方知其味。记者哪有社会地位，疯疯傻傻自我陶醉。

“当你看见我的时候，我和新闻在纸上；当你没有看见我的时候，我和新闻在路上。”——谨以此与诸君共勉。

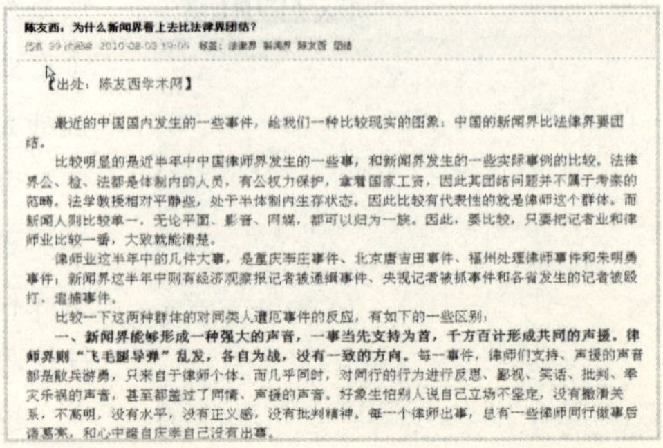
陈友西：为什么新闻界看上去比法律界团结？

2010-08-03 19:05 标签：法律界 新闻界 陈友西 团结

【出处：陈友西学术网】

最近的中国国内发生的一些事件，给我们一种比较现实的图象：中国的新闻界比法律界要团结。

比较明显的是近半年中中国律师界发生的一些事，和新闻界发生的一些实际事例的比较。法律界公、检、法都是体制内的人员，有公权力保护，拿着国家工资，因此其团结问题并不属于考察的范畴。法学教授相对平静些，处于半体制内生存状态。因此比较有代表性的就是律师这个群体。而新闻人则比较单一，无论平面、影音、网媒，都可以归为一族。因此，要比较，只要把记者业和律师业比较一番，大致就能清楚。

律师业这半年中的几件大事，是重庆李庄事件、北京唐吉田事件、福州处理律师事件和朱明勇事件；新闻界这半年中则有经济观察报记者被通缉事件、央视记者被抓事件和各省发生的记者被殴打、追捕事件。

比较一下这两种群体的对同类人遭厄事件的反应，有如下的一些区别：

一、新闻界能够形成一种强大的声音，一事当先支持为首，千方百计形成共同的声援。律师界则“飞毛腿导弹”乱发，各自为战，没有一致的方向。每一事件，律师们支持、声援的声音都是散兵游勇，只来自于律师个体。而几乎同时，对同行的行为进行反思、鄙视、笑话、批判、幸灾乐祸的声音，甚至都盖过了同情、声援的声音。好象生怕别人说自己立场不坚定，没有撇清关系，不高明，没有水平，没有正义感，没有批判精神。每一个律师出事，总有一些律师同行做事后诸葛亮，和心中暗自庆幸自己没有出事。

喝醉，不伤感情只好伤胃。工资不高自己交税，抛家舍业愧对长辈，身在其中方知其味。记者哪有社会地位，疯疯傻傻自我陶醉。”

三十年来的媒介转型，最重要的不是传媒体制的变化；媒介转型最重要的是带来了身份的变化，最基本的一点就是，从单一的“党和人民的喉舌”功能而至少转变为三种角色要求，第一是作为政治体制内的一部分，继续履行喉舌功能；第二是作为企业，有自负盈亏的赚钱机器的要求；第三是公众对其舆论监督工作的期许，这同时也是在新闻专业主义的大背景下对传媒的社会角色期待。在复杂的经验中，属于两种或以上相反的“参照群体”或“参照环境”的人，会体验到严重的心理冲突。

但是，社会转型的宏大背景，深度腐败的严峻现实，新闻职业化的国际经验，呼唤着、培养着媒体相对独立于政商权力的社会公器角色，以至于不断消解政治宣传功能和在特定情形下弱化了企业营利功能，舆论监督功能得以凸显和张扬，并孵化出了笔者在2009年提出的“《南方周末》和《财经》这样的伟大报刊和媒体楷模，凝聚了越来越多服膺新闻专业主义的新闻人”。所谓的职业共同体，从呼声到辐射力的源头，概莫能外。

话又说回来，以笔者浅见，除了身份和独特的社会功能以外，一个职业共同体的构成要件至少还有法定的自治性和共享的价值观。中国媒体太过复杂，围绕媒体的法制环境远非健全，新闻媒体没有法定地位就没有自治性。在改革开放三十年后的今天，中国媒体已发生深刻变革，但其成分从官方媒体到都市类媒体到互联网媒体异常复杂，莫说是整个新闻界，即便是在大多数媒体内部，共享价值观还是一个梦想；实际上媒体内部的冲突往往更能扼杀其社会公器属性。

因此，我的初步看法是：面临复杂的社会局面和公众期待，建立新闻职业共同体至关重要，但在官属“记协”难有作为和社团管制的现实环境下，近期仍处在观念传播和有限推进的阶段；相信它将裹挟在未来蓬勃发展的公民社会和民主政治中逐步绽放。如果说媒体的强项是大众传播——向大众海量输送信息和理念，那么媒体作为共同体的第一步，恐怕是在媒体界开展有效的组织或群体传播——培养、扩散共享价值观和在特定事件中发出维权之声。

不久前读到代理李庄律师“被打黑案”的陈有西律师的文章《为什么新闻界看上去比法律界团结？》，让我们看到了新闻职业共同体的曙光。推荐大家一读。

（作者系北京外国语大学教授、中山大学特聘教授）

调查记者与新闻学者共同体的构建
——以“新世纪舆论监督研讨会”为个案

□童希 张志安

童希

张志安

一、研究缘起

从 2001 年起，中国青年政治学院新闻与传播系、河北大学新闻传播学院和中国人民大学舆论研究所联合举办“新世纪新闻舆论监督研讨会”（以下简称“舆论监督研讨会”），时间一般在年底，迄今已办了八届★。每届会议持续两天，第一天挑选当年舆论监督领域最具代表性，影响力的舆论监督个案，由从业者（主要是调查记者）结合实践来谈体会，做主题发言；第二天由参会学者围绕不同主题，就提交的论文进行分组报告及讨论。

在国内新闻传播领域的会议中，舆论监督研讨会有两个特色：一、邀请记者编辑与大学教师共同参加，搭建业界与学界对话的平台；二、把最重要的主题演讲环节留给当年在舆论监督领域表现突出的从业者。有学者认为（柳珊，2008），其最与众不同的特色在于：讨论的都是“真问题”。这种独特的会务模式能够激励实践者，“同时让优秀的舆论监督实践者受到学术届的关注，让学术界感受舆论监督实践，进而为舆论监督鼓与呼”（周泽，2008）。

这个会不仅吸引了新闻业界同行、高校从事相关研究的新闻学者，还有包括法学界、政治学界等关注媒体及舆论监督的学者和大批学生参与，影响力逐年扩大，已成为国内集中关注和研讨舆论监督的学术盛会，也是一年一度全国知名调查记者的同仁聚会。据会议发起和倡导者展江教授回忆，“2001 年，刚开始的时候，规模不大，但至少请了法学尤其传媒法学方面的专家一起来……第一年、第二年规模比较小，40 - 50 人参加，第三年差不多就有 100 人的样子”（张志安，2007）。

具体来看，舆论监督研讨会的特点和功能主要体现在四个方面：

1. **倡导学科交叉**：关于会议的组织思路，展江认为：“我们的学科目前有些局限，比如有人说新闻史学界相当保守、相当无知，这个说法新闻学界基本适用。比较固步自封，和其它学科没有交流，而我在这方面还有点小小优点，想和其它学科有点交流，做这个舆论监督研讨会就可能与政治学、法学等成熟学科形成交流。”（张志安，2007）基于这种跨学科交流的操作思路，参加舆论监督研讨会的学者虽以新闻传播学者为主，但又不乏贺卫方、孙立平这样的法学家、社会学家。

2. **促进业界沟通**：一般情况下，新闻业界从业者很少参加学术研讨会，而这个会则给优秀的调查记者提供了展示风采的平台。第一天的主题报告环节，展江期望参会记者能够把自己做调查报道的过程和幕后故事清晰展现出来。“选案例的时候，我们都跟他们说，你爱怎么讲就怎么讲，反正你是当事人，你总有一些东西跟发表的不一样，包括幕后的东西、自己的感悟或者酸甜苦辣的回忆等”（张志安，2007）。不少参会学者，都觉得从主题演讲中受益匪浅，如“第一天是个人觉得收获最大的，可

第六届新世纪新闻舆论监督学术研讨会开幕。

以了解业界中的独到的一线的信息，这个会对自己帮助很大，其他的研讨会论文翻翻可能就够了，这个会不行，第一天的大会主题发言很鲜活，能带来很多真正的思考”（姜红，2008）。

3. **降低学术门槛**：与一般的研讨会设立匿名评审制度、对参会论文的学术水平严格把关不同，“这更像一个同仁的聚会，因为论文不是经过集中然后匿名评审出来的，没有一个很严格的规范。因为在这个方面更加随意，所以不能算是顶级的，这里的人可能主要是观点相近……似乎是更重视来的人，而不是学理的高度”（姜红，2008）。这样的操作方式并非学术研讨会的严格做法，“使得这个会跟像是一个沙龙”（阴卫芝，2008），不过，“展江老师是想要办一场自由的大会，因此不设门槛，他的目的不是在抬高自己的地位，张扬学术的大旗，而是要促进学界、业界、其他界的交流”（柳珊，2008）。

4. **议题审慎有度**：舆论监督研讨会的征文通知中，一般都以当年党的重大会议为由头或背景，以体现研讨会主旨与国家利益之间的关联。会议的主题常借用中国党的重大会议的主题，例如借用十六大报告中的“政治文明”，然后加进去“公共领域”、“公民社会”等概念，展江称之为“从官方那里找一些资源”，是一种积极的自我保护。他介绍说：“做这样的事情，我们也做了很多必要的说明、包装等，这是现在环境下必须要做的事情，因为如果你不这样做，人家就可能认为你会影响和谐，影响安定，影响稳定。”此外，参加会议的代表还被告知，报道会议的时候不要触雷，要求在现有制度框架内做事情，在不影响现有制度框架的前提下尽量做到自由交流。

二、共同体的构建

舆论监督研讨会的连续举办，促进了学界与业界（调查记者）之间的沟通与互动，通过主题演讲、学术报告和对话交流，逐步形成了以会议为公共空间、以部分核心成员为轴心的“共同体”。在这个共同体的内部，参与者具有比较典型的知识分子特点，“至少具有一定程度的自我意识，具有为他们自己的角色游戏所设计的共同策略”、“话题的共同性，对讨论的共同参与，对其中所蕴含之权利及责任的承诺，塑造了知识分子共同体”（储德天，2005）。

尽管“共同体”概念被应用地很泛，但判断一个共同体形成的标准主要包括：有独特的利益，团结相对紧密，有一定的组织目标，最重要的是有归属感，认同自己是其中的一员，实践中的表达和在遇到伤害自己社区的事情的时候是不是会动感情，等。学者研究指出（谢遐龄，2008），现时的共同体的界限更加模糊，而个体可以同时横跨很多共同体，结合也就有松散和紧密之分。

依据这种标准看，舆论监督研讨会与其说这是一个实际的群体凝聚，倒不如说更多的是观念和意识上的共同体。首先，这种调查记者与新闻学者之间的互动，一年只有一次，频率不高；其次，在研讨会之外，除少数学者跟调查记者保持密切联系外，多数学者与记者之间的关系相对疏散。尽管如此，并不排斥两者在价值观念上的趋同和精神层面的共鸣。“这样一个会议可以让一批人形成一种共同的理念，当这种理念逐渐形成后，又会更明白这种引力是什么，再慢慢扩大这个社区和明晰这种理念，别的会议似乎都缺乏这种效果”。（周泽，2008）

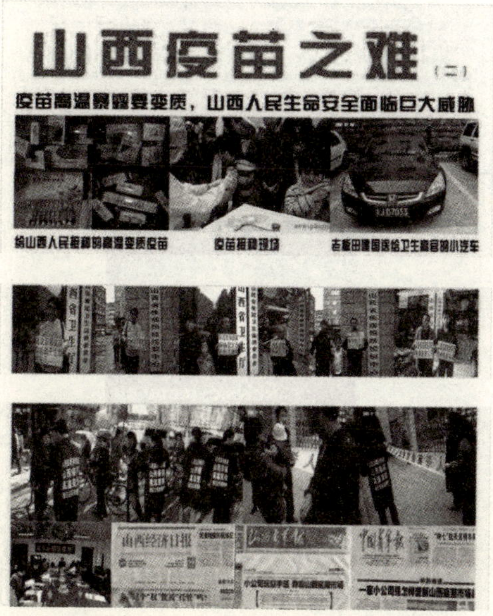

1. **核心成员**

作为这个会议的发起人和主办方负责人，展江教授无疑是这个共同体的核心成员。由于长期从事新闻舆论监督的研究，又与国内一线调查记者、新闻媒体之间保持比较密切的联络，组织这样的会议具有独特的便利。不少与会者对其作为共同体核心成员的角色表示赞赏。如“他在业界和学界都有实力，更重要的是，他是一个有侠气的人，勇于承担这个担子，这需要勇气、良知，天时、地利、人和都要全”（何雪峰，2008）；“中国是知易行难，不是缺少学术精尖的人才，而是缺乏实际操作的人，很多问题都研究透了，但是怎么突破是要一步步做的。而展江有这个影响力，他来挑头做这件事，我们都买账”（浦志强，2008）；“河北大学力量不是那么强的，而自己中青院也没有强到哪里，这又是一个不那么主流的事，但这个会议还是集合了非常多的知名学者和调查记者、维权律师，这不能不说是展江的独创和功劳”（阴卫芝，2008）。

此外，一些常年参会甚至几乎次次参会的业界和学界代表也是这个共同体的核心成员。“这个共同体不是铁板一块的，是朦胧意识的，每个人都可以横跨很多个共同体，在一个共同体中也有分核心和边缘的，央视八大风云记者中的江雪每年都来，这就可以看作是核心，学界就更不固定”（姜红，2008）。不少学者在受访中表示，尽管这个会议的学术性不是特别强，但主题充满对现实的人文关怀，又可及时把握业界的前沿变化，还能给予积极践行的调查记者以关注和鼓舞，因而抱有特殊的关注度和忠诚感。

2. 学者与记者

从人员规模上看，舆论监督研讨会这个共同体的参与者中，新闻学者的数量要远超过调查记者，但就笔者多次参加的体验和观察看，调查记者往往比学者能获得更高的关注度，他们的报告也总能激起更多共鸣和反响。如一位资深的新华社记者描述（朱玉，2008）：“这个会反映很热烈，第一天一个阶梯教室都坐不下，都是业界的人在发言，业界的人来看看同行都在做些什么，而学界

良知·责任·正义——第五届新世纪新闻舆论监督研讨会印象

口文/记者李松

年年岁岁花相似，岁岁年年人不同。从2001年12月第一届新世纪新闻舆论监督研讨会召开以来，弹指间过去五载。五年来，通过舆论监督研讨会，我们有幸看到了中国新闻舆论监督的前进历程，我们有幸目睹了近五年来媒体新闻报道中的一个又一个亮点，从2002年的《北京出租汽车业垄断黑幕》，2003年的“非典”、孙志刚案的报道，再到2005年《邢台艾滋病真相调查》的出炉……在这里，我们见识到了中国新闻记者的精彩和魅力，体验到了中国新闻记者的正直和勇敢，品味到了新闻舆论监督的不易和压力。

五年来，我们总是能够看到那些熟悉的身影带给我们不断的惊喜，总是能够看到这些熟悉身影背后的激动和辛酸。在2005年末，这些身影又重新汇集到中国青年政治学院1205大教室。但不是每一个我们期盼的人都能如约而至，在今年的讲坛上，我们没有看到央视《每周质量报告》记者李文学的身影，在会议开幕的当天，他又踏上了新的征程，远赴重庆进行调查报道；我们也没有看到央视《新闻调查》记者柴静那亮丽的身影，她也因公务缠身而未能出席。

“共论舆论监督，同谋社会发展”，是参加舆论监督研讨会的各界人士共同的心声和呼吁，在主席台上发言的这些我们熟悉得不能再熟悉的身影中，我们看到了一股强大的气势，一种蓬勃向上的精神。

●王克勤：我们从他的眼睛里看到了正义良知

王克勤，一个响当当的名字，在中国新闻界几乎没有人不知道他的大名，“中国第一揭黑记者”、“中国的林肯·史蒂芬斯（美国著名揭黑记者）”、“中国身价‘最高’的记者”、“2003年中国记者风云人物”……一长串的头衔压在这位40岁的《中国经济时报》首席记者的身上。从《出租汽车业垄断黑幕》、《兰州证券黑市狂洗股民》、《甘肃回收市场黑幕》，再到今年的《邢台艾滋病真相调查》，在人们眼里，王克勤好像就是一种象征符号，他代表了中国新闻舆论监督曾经和正在取得的成就，也凝结着中国新闻记者所有的牺牲和奉献。

王克勤，从他的眼睛里可以看出正义与良知。在发言时，记者就站在离他仅有两米的地方，清楚地看到他在摁下笔记本电脑回车键时颤抖的手指，因为他正在翻动“邢台血案”一幅幅令人怵目惊心的画面：“妈妈，你好吗？我想你了”，在砖墙里边的窑洞里埋着艾滋病女孩甜甜的妈妈，两年前妈妈被艾滋病夺去了生命。甜甜的爸爸泣不成声地说：“没娘的孩子像根草”。我们每个人都会被王克勤那种悲天悯人的情怀所折服，我们每个人都可以看见他那双睁得鼓鼓的涨血的眼睛，都可以看见他指着长卷照片时硬汉的身躯。

我们还能记得他那让人印象深刻的话语，“不是在为新闻而新闻，我们是在为良心做事”、“人类最珍贵的是什么，是人，人的生命只有一次”、“善良的人在中国底层，道德在民间”，像这样的每一句话都赢得台下观众的阵阵掌声。按照议程安排，每位发言者只有25分钟的发言时间，但王克勤要求再加30分钟，一连三次向观众鞠躬，让每个人都不得不动容。就连主持人孙旭培教授也不得不说他是“在发动群众”。这就是我们眼中的王克勤，一个洒脱率直、饱含激情、充满良知和社会责任感的中国记者。

●赵永新：党报舆论监督大有可为

2005年，圆明园防渗工程这则新闻肯定让我们记忆犹新，因为圆明园本身的历史地位和知名度，因为防渗工程本身2亿元的巨大投资，因为防渗工程可能对环境的破坏，始终牵引着广大公众的视线。而引领这个新闻关注点，第一个报道圆明园防渗工程问题的正是《人民日报》教科文部主任记者赵永新。

2005年3月，赵永新以一篇《撤除防渗膜，救救圆明园！》，掀开了圆明园防渗工程问题的大幕。在研讨会上，这位出生于山东的记者言语中颇显北方汉子的敦实和直率，他坦诚，从没想过圆明园防渗工程的报道会引起社会上如此强烈的关注，“起初，社会关注如此广泛，各界反响如此强烈，出乎我的想象。现在，我似乎有些明白了，这不仅仅是因为圆明园本身的敏感与知名，而是因为圆明园的防渗工程可以说是我国许多此类工程的缩影，它包含了太多内容，包括人们所能想象到的和不能想象到的东西。从中，人们可以发现许多悲哀与无奈。”

的人则是来看有什么好的素材。”相较而言，第二天就冷清了很多，很多工作繁忙的业界记者都走了。一位曾在电视台工作过的学者也表示，很喜欢这个共同体中的记者生态："经常感同身受，又可以为我所用，增广见识，了解业界的状态。小会场可以形成争论，会冒出黑马有新的观点出来，自由讨论的氛围很浓，高兴听到不同的意见，而这在别的会很少听到。因为学术界口头上都还有些虚伪的客套，但是业界就会比较直接，我就很喜欢这种针锋相对的氛围。”（阴卫芝，2008）

这种“记者热、学者冷”的不均衡现象，既与会议本身的议程设置有关，也和两个群体之间的话语差异有关。第一天的会议在主会场，既有开幕式，又有主题演讲，由调查记者“讲故事”唱主角，本身就被赋予了高规格的待遇；第二天的会议主要是分组论文发表、讨论和闭幕式，参与者被分流，加之记者对学者发表的论文兴趣相对较小。“一方面是因为论文质量的问题，一方面是业界对学界还有距离。总体来说，学界到业界容易，而业界到学界就有门槛，讨论时不能熟悉话语方式，没有学术训练是会有壁垒有距离的”（姜红，2008）。

不过，这样冷热不均的现象，倒不必被过度阐释，毕竟学术圈和记者圈的规则和风格都有所不同。“学术商业化和社会化的今天，需要跟业界多接触使研究对社会有用，但是不是任何研究即日即时就能看到成果的，闭门造车的研究现在不被认可，不代表对今后的发展没有指导意义。各个领域有自己的话语，真正紧密的结合从没有达到过，业界中有一些学者，理论对他们是有影响和提醒”（阴卫芝，2008）。学者谢遐龄认为（2008）：判断是否属于共同体，主要不是看论文的观点，而是看碰到事件之后的观点表达，看实践中表达的态度，尤其要看本质的认同，即对共同利益的态度。按此论述，舆论监督研讨会上调查记者对舆论监督之艰难所发出的感叹，与学者呼吁对舆论监督立法保护的热情是殊途同归，两个群体在精神上的认同感无疑是非常强的。

3. 学生

学生是这个共同体边缘却又重要的参与群体。在接受笔者访谈时，展江（张志安，2007）坦陈，根据校外某些方面的意见，“会议的听众最好不要面对学生，本科生嘛，涉世未深”，但由于研讨会是对外开放的，可以一睹知名调查记者的风采和听到很多报道的幕后故事，会议还是吸引了非常多的学生来旁听。“第一天主题报告在场学生很多，能达到 3/5 以上。第二天发言中又有小一半的学生，在这里既是学生展示自己的平台，又可以和在场的学者业界探讨问题。在这个平台上，学生可以领略观点，见‘活的名人'"（阴卫芝，2008）。

学者和业界的同仁都对学生的参与持肯定态度。"中国有很多事就是很多人都知道，就是没有人说。当前的语境需要这个声音，也要让研究生，学者听到这个声音"，而业界的报告"让他们对业界的甘苦有直接的理解，这对于初生牛犊来说是一种积累和了解（方晓红，2008）；"在国内做舆论监督有多难，要给他们支持，给他们信心和力量，不要放弃。更重要的是对学生的培养，让他们学会鉴别。不讲真话的，学生是不听的"（柳珊，2008）。

三、共同体的功能

自 2001-2008 年，连续八届舆论监督研讨会的举办，在新闻界乃至全社会形成了重要影响。这样一个正在不断形成的知识分子"共同体"，具有怎样的显功能和隐功能？我们尝试做初步归纳。

1. 精神共鸣

尽管自上世纪 80 年代开始，党和国家领导人曾多次强调要保证及落实媒体的舆论监督功能，但实际运行过程中，舆论监督依然会遭遇非常多的障碍。这种相对严格的管制环境，不仅让不少调查记者多有抱怨，也让不少学者持批判立场，管制之下的突破欲望、压力之下的表达渴望应该是学者和记者参与这个会议、形成"共同体"的重要基础。他们的参会感受虽然各有重点，但精神的共鸣和情感的归属却十分相似：

"让我有一种文人之间的归属感，和大家交往很舒服，每个人有自己的领域，可能大家都在自己的领域属于比较边缘的，但是一些志同道合的人在一起，大家跨领域到一起，因为一些共同的目标到一起"（浦志强，2008）。

"这个会议有故事性，正像四川的地震一样，如果不给公众故事，不让大家看新闻，只说那边地震很厉害，大家探讨怎么抗震救灾，就不可能形成今天这样一种公众情感。大家参加这个会议，可能都会受到一些感动，一些震撼，而这并不是其他研讨会的景象"（周泽，2008）。

"社会处在历史的转折，中国要从一个古老的国度转变成一个政治文明多元的现代中国，在这其中，媒体的要扮演的一个重要角色就是监督我们的政府，推动中国的转向，在不同的时间，利用不同的机会，用不同的方式推动中国的进步"（何雪峰，2008）。

舆论监督在现在语境下常被理解为批评报道，揭黑报道，而在中国的舆论监督现状下，从事舆论监督的从业者往往承担着非常大的压力，在这种情况下，互相的精神支持是非常重要的。主办者展江用“吾道不孤”来概括学者和记者的共同感受：来过的记者或者嘉宾，不管是来自体制色彩很浓厚的媒体，还是市场化程度比较高的媒体，都比较能接受我们的理念。“现在这个社会中，精神同盟非常重要，在一个社会中，做一个前行者，是一件很孤独也很无助的事情，就需要精神同盟，这有实际的帮助，也有彼此鼓励互相温暖的精神支持”（何雪峰，2008）。

2. 情绪宣泄

研讨会提交的论文中，不少都论及在中国现有体制下做舆论监督所遭受的外部困境。如有学者（陈力丹、阎伊默，2006）指出，党政规制使舆论监督受到极大束缚，而现行法规对于新闻媒体的规范呈现出权利和义务的失衡——对舆论监督的义务强调的多、而对权利的保护较弱，在这样的形势下下产生了一些异化形式，如异地监督等。调查显示（乔云霞、胡连利，2003），做舆论监督报道的从业者基本处于举步维艰的境地，“舆论监督难”的三个主要难点是：采访难，采访的负面新闻常会遭遇受阻；发稿难，在很多“说情者”的轮番说情中不得不被“枪毙”；打官司难，从业者中有 31.16% 遭遇过新闻纠纷。

研讨会第一天，经常会产生比较激动的氛围，这种热情是一般学术研讨会所少见的。一些记者在介绍调查实践尤其遭受的挫折时，难免宣泄一些不满和抵触的情绪。“平时在主流的声音中比较受压抑或是得不到应有的尊重和回报的舆论监督记者，在这里可以有一些发泄，彼此得到鼓励，从掌声中得到认同和认可”（方晓红，2008）。

调查记者在主题发言中的情绪宣泄，实质上既有减压的功效，也有鼓舞的作用。“业界的人在这个会上得到更多的支持，官方的话语中其实是不认同的，舆论监督的操作者一直以来付出的多，得到的认可不够，而在场的研究生的致敬和鼓掌给予从业者更多的尊严（柳珊，2008）。周泽也认为，这个会议的一个功能就是给优秀的舆论监督实践者加油，但是，业界其实不需要到这个场合来发泄，更重要的还是同行之间的相互激励，获得行业认同和尊重（周泽，2008）。一些受访者指出了这种“鼓舞”作用的局限（朱玉，2008）：如果说这个会的功能是发泄，那么打的气能持续三个月就不错了，不能靠这个打气。

3. 技术交流

除情感共鸣、情绪宣泄之外，报道技巧的交流和新闻知识的分享也是这个共同体非常显性的功能。对此，多数记者和学者都有共识，倘若无法在短时间内改变结构性的制度和环境，那么，行动者的突破能力、报道水平和坚韧品质是更重要的。“舆论监督要从技术做起，中国的体制已经开放很多，要看到洪流。水砸冰是砸不动的，我们要融化冰川。水越大，冰川融化得越快，这是一个过程，我们可以用一些技术的方式，例如把水加热，这样的技术是很值得探讨的”（阴卫芝，2008）。

技术交流至少包括两个方面：一是具体的采访报道策略。对记者来说交流技巧可以取长补短，对学者来说可以获得研究和教学的鲜活素材；二是新闻职业伦理和社会责任方面的知识。“之前对于媒体的功能扩大化了，舆论监督应修正到本来的内涵上来，避免对舆论监督的理解的膨胀，要把媒体的功能修正到信息平台的原有位置。这个会上，每年都有大量的探讨争论，多元化的观点碰撞，不同角色的人通过讨论来达到沟通的目的”（阴卫芝，2008）。

4. **影响政策**

总体上，这个共同体中的成员对舆论监督政策和外部环境的变迁，并未有乐观评价，甚至在研讨会上不时透露出失望情绪，大家对会议本身能否影响政策未抱有期待。如南京师范大学方晓红教授所言：舆论监督应该更开放、更主流，要在对政府职能的监督上有更多的功效，而不是仅停留在对社会风气的监督或是平民对平民的监督，“近期看，有关部门对研讨会关注和重视的程度还是不够”。不过，这是一个大的系统工程，无法靠单方面力量来改变，需要全方位的制度保证。“在观念传播和理念宣传上，

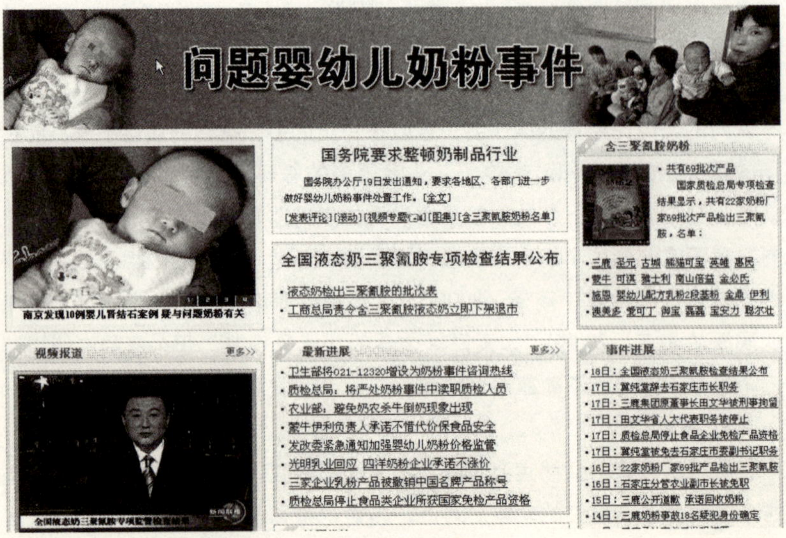

这个研讨会发挥了一定的作用"（方晓红，2008）。

尽管不少学者感叹，情绪发泄或学术探讨无法对现实有直接的推动作用，但对舆论监督话题的关注和讨论却需要持续深入和推进。"有人觉得每年讨论的东西都有重复，我认为这不是一种陈旧或是雷同，而是现实没有解决这些问题，有一种现实的逼迫感。有些会议上，旧话题没有争论，而一直出现新的话题、新的噱头，其实那时一种回避矛盾，因为中国很特殊，在别的国家不是问题的，在我们这里都是问题，就是要反复讨论，反复研究"（柳珊，2008）。

从这个层面看，作为"共同体"的舆论监督研讨会，对当下中国的传媒实践无疑具有重要意义。如一位学者（方晓红，2008）说的那样，针对舆论监督领域，需要更多讨论如何完善机制、开放观念，"通过不断的开会，不断的刺激，让社会对舆论监督不大惊小怪……必须要看到，国家的政策变化和学者的提倡是离不开的"。

（作者分别为复旦大学新闻学院博士生，复旦大学信息与传播研究中心研究员、传播学博士）

★ 2009 年的第九届会议，因故临时取消。2010 年 11 月，浙江大学传媒与国际文化学院、北京外国语大学国际传播研究中心、中国人民大学舆论研究所、中国传媒大学传播研究院、暨南大学新闻与传播学院和中山大学传播与设计学院将在杭州联合举办第九和第十届"新世纪新闻舆论监督研讨会"。

本文属 2009 教育部人文社科研究青年基金项目"新时期深度报道史（1978-2008）：以新闻生产社会学为视角的研究"成果，项目批准号：09YJC860005。

【参考书目】

1. 陈力丹、阎伊默：《论我国舆论监督的制度困境》，发表于第六届新世纪新闻舆论监督研讨会。

2. 储德天：《西南联大知识分子共同体研究》，上海师范大学 2005 年博士论文，P45-46。

3. 乔云霞、胡连利：《中国新闻舆论监督从业人员的现状调查分析》，《中国舆论监督年度报告（2003-2004）上》，P164-177。

4. 张志安：《记者如何专业：深度报道精英的职业意识与报道策略》，

南方日报出版社，2007 年，P307-316。

【访谈对象】

主要包括：同济大学传播与艺术学院副教授柳珊、《南方都市报》评论部首席编辑何雪峰、安徽大学新闻传播学院副院长姜红教授、北京展达律师事务所周泽律师、南京师范大学新闻与传播学院院长方晓红教授、北京华一律师事务所合伙人浦志强律师、新华社国内部政文采访室主任记者朱玉、复旦大学社会学系教授谢遐龄。访谈时间集中于2008年5-6月。

记协维权，能更有作为吗？

□范以锦

范以锦

每当记者权益受到侵犯时，记者及其所在机构除了寻求政府部门解决、呼吁各方舆论支持外，还期待新闻工作者协会出面维权。从这些年的实践来看，记协维权“小”有作为，难大有作为，但面对记者权益受侵害的案例增多和媒体记者对记协的期待，作为记协应适应新形势，强化维权工作，力求做得更有作为一些。

我在广东省新闻工作者协会担任领导工作多年，每当侵害记者事件的发生，我们会发表声明，对记者表示同情、慰问和声援，对侵害者表示强烈的遣责，呼吁有关部门严肃查处。也只能这样了，要再深入下去，就有难度了。其原因与中国的社会政治生态环境及记协自身的定位有很大关系。

中国历来就有一种“传统”：不怕官，只怕管。任你记协大声疾呼，但谁都明白，记协不是政府机关，也不是执法机构，更不是侵害人的上级主管，你管不着我，奈何不得我。

就中国记协与省记协而言，在记者维权方面各有各的优势和问题。从对情况的了解来看，本省媒体都在省记协的眼皮底下，知根知底，一发生问题很快可弄清楚情况和进行表态。而中国记协要一下子弄清情况不容易，情况不明是不能随便表态的，因为记者造假的情况也是有的。如果从权威性的角度来看，毫无疑问中国记协优于地方记协，无论从其现实的地位还是国家批准的机构定位来看，其都有地方记协所没有的优势。中国记协定位为中国新闻界的全国性人民团体，是正儿八经的有级别、有编制、有国家经费拨付的参照公务员待遇的人民群众团体单位。不是松散的组织，是有事做、有人做事的单位。省一级的记协除少数参照中国记协的办法执行之外，大部分比较松散，人员少，除了每年必做的新闻评奖等几项工作之外，没有特别的硬任务，干的是“虚”活。记协不是定位为人民群众团体，而是需要到民政部门去登记的行业组织。说白了与那些民间性的社会中介组织差不多，体现行业内自我服务、自我协调、自我监督、自我保护的意识和要求。这种地位决定了其在媒体与其他机构的纷争中，很难起到强势的协调作用，在维护记者权益中难有大作为。

尽管如此，既然是新闻工作者的协会，是“记者之家”，理应迎难而上，在力所能及范围内，拓展思路，争取在维权方面能更有作为。

第一，转变职能，花更多的精力做好维权服务。

记协有着组织、协调、服务、监督的职能。这八个字的职能一直在发挥作用，今天也依然适用。但在改革和发展不断深入，社会转型期各种矛盾凸现，舆论监督环境发生变化，利益集团等各种不正当的势力对媒体不停打压的背景下，我们对这八个字要赋予新的内涵。比如，“服务”，我们不能满足于开开会给大家交流、沟通提供服务，也不能满足于评奖等活动。“服务”，就是要把记者最关注的事提到议事日程上来，其中维护记者权益就是一项重要的工作，使记协真正成为“记者之家”。

第二，积极做好沟通工作，将全国记协和地方记协的优势结合好、发挥好。

中国记协早在1998年8月18日就成立了维护新闻工作者合法权益委员会，38名委

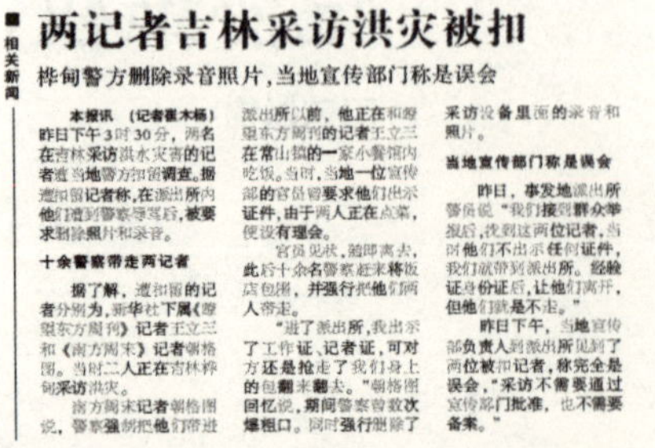
相关新闻

两记者吉林采访洪灾被扣

桦甸警方删除录音照片，当地宣传部门称是误会

本报讯 （记者崔木杨）昨日下午3时30分，两名在吉林采访洪水灾害的记者遭当地警方扣留调查。据遭扣留记者称，在派出所内他们遭到警察辱骂后，被要求删除照片和录音。

十余警察带走两记者

据了解，遭扣留的记者分别为，新华社下属《瞭望东方周刊》记者王立三和《南方周末》记者朝格图。当时二人正在吉林桦甸采访洪灾。

南方周末记者朝格图说，警察强制把他们带进派出所以前，他正在和瞭望东方周刊的记者王立三在常山镇的一家小餐馆内吃饭。当时，当地一位宣传部的官员曾要求他们出示证件，由于两人正在点菜，便没有理会。

官员见状，随即离去，此后十余名警察赶来将饭店包围，并强行把他们两人带走。

“进了派出所，我出示了工作证、记者证，可对方还是抢走了我们身上的包翻来翻去。”朝格图回忆说，期间警察曾数次爆粗口。同时强行删除了采访设备里面的录音和照片。

当地宣传部门称是误会

昨日，事发地派出所警员说“我们接到群众举报后，找到这两位记者，当时他们不出示任何证件，我们就带到派出所。经验证身份证后，让他们离开，但他们就是不走。”

昨日下午，当地宣传部负责人到派出所见到了两位被扣记者，称完全是误会，“采访不需要通过宣传部门批准，也不需要备案。”

2010年8月7日下午3时30分，两名在吉林采访洪水灾害的记者遭当地警方扣留调查。遭扣留的记者分别为，新华社下属《瞭望东方周刊》记者王立三和《南方周末》记者朝格图。当时二人正在吉林桦甸采访洪灾。

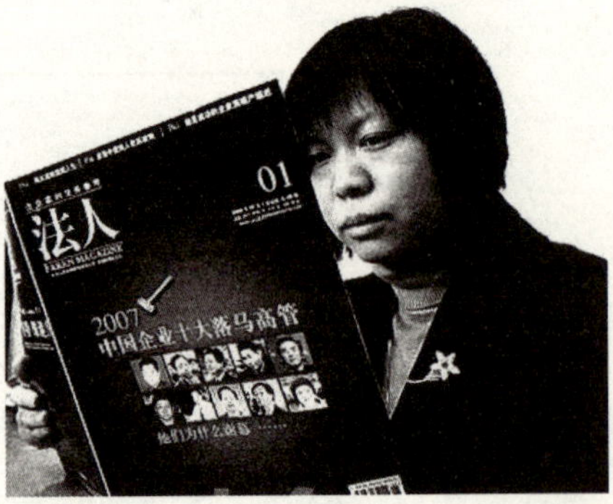

2008年1月4日，辽宁西丰县警察来到法制日报下属的法人杂志社，称记者朱文娜采写的文章《辽宁西丰：一场官司较量》涉及西丰县县委书记，涉嫌诽谤罪已被立案，要将其拘传。

兰成长遗照和大同市新闻出版局收缴的假记者证。

员不只是新闻单位，还有中央新闻管理部门和中央政法机关有关部门的负责人。这些非新闻单位的部门有管理权和协调执法的权限，这就强化了维权委的权威性和可操作性。为了保证日常工作有人管，日常办事机构为中国记协国内部权益保障处。地方记协完全可以参照中国记协的做法，设立相应的机构。中国记协维权委成立以来，起草了《中国记协维权委工作细则》（草案）、《中国新闻工作者权利保障规则》（草案）和《中国记协维护新闻工作者合法权益委员会处理案件的程序和办法》等文件，编辑出版了《中国新闻工作自律维权法律手册》，还创办了有关记者权益保护问题的“情况反映”内刊，举办了几次全国性的“新闻与法研讨会”和舆论监督工作研讨会。多年来已受理了一批严重侵犯新闻工作者合法权益的事件调查处理，包括兰州晨报、黑龙江日报、湖南人民广播电台、湖南电视台、重庆晨报、重庆电视台、重庆人民广播电台、湖北电视台、楚天都市报、光明日报等单位的新闻工作者人身受伤害或财物受损害的案例，维护了新闻工作者的合法权益。前些时候，中国记协维权部门负责人就北京电视台记者遭殴打一事予以高度关注，再次重申，依法舆论监督，是新闻媒体的合法权利，表示要坚决维护记者合法的采访权，制止干涉记者合法采访的行为。但全国媒体很多，覆盖范围广，能够及时得到维权的只是其中一部分。今后这项工作应该坚持下去，并不断扩大受益的范围。这需要发挥全国记协和地方记协两级的积极性，作为省市一级的地方记协除了在当地积极做好维权之外，要及时与中国记协沟通，将中国记协的权威性和地方记协与各

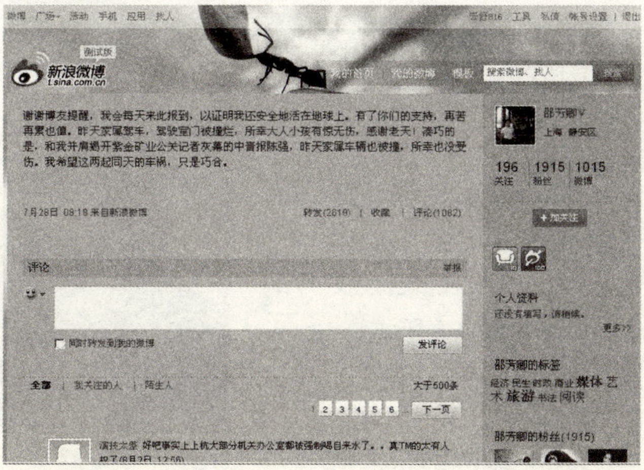

第一财经日报记者邵芳卿与中国青年报记者陈强联名发表文章，曝光紫金矿业集团试图用“封口费”贿赂记者和所在新闻单位，2010年7月27日，这两位记者的家属车辆均发生奇怪的车祸，所幸大人小孩均有惊无伤。

地方媒体的贴近性很好地结合起来，争取更多的记者的权益得到保障。

第三，记协与媒体结成舆论同盟，以业内自救形成的强大合力推动各方的关注。

尽管地方记协有其权威性不够的弱势，但记协与媒体结合起来的舆论合力所产生的力量是极其强大的。最近《财经》杂志报道《保安公司专职截访》事件引发的危机很快往良性方向转，与近期媒体舆论抗争取得的成果及产生的震慑力有关。媒体被无理打压，依然要靠媒体之间形成合力的舆论监督力量来解决。国家高层也强调舆论监督，并要求善待媒体，我们有什么理由对违背中央精神的打压媒体行为不抗争？ 9月15日下午，在由北京大学法学院人大与议会研究中心举办，有法学专家、新闻人、律师等共同参加的“记者权利保护机制”研讨会上，与会者认为：改善媒体环境，无非有两种途径，一种是官方途径；另一种是民间力量、民间资源。提出当下更应该做的是，推动形成有新闻人、法律人、专家学者等群体参与的职业同盟，以保障包括记者在内的普通公民的合法权益。记协在这方面应该有所作为。无论是官方途径还是民间途径，记协及其成员各媒体单位都有可能充分运用媒体资源，化解危机，为记者排忧解难。其中有几方面的工作可以做好：一是媒体舆论和媒体业

2010年7月27日，经济观察报记者仇子明因报道上市公司凯恩股份关联交易内幕，被凯恩公司所在地浙江丽水遂昌县公安局以“涉嫌损害公司商业信誉”罪名，通过公安内网上向全国发出通缉令。

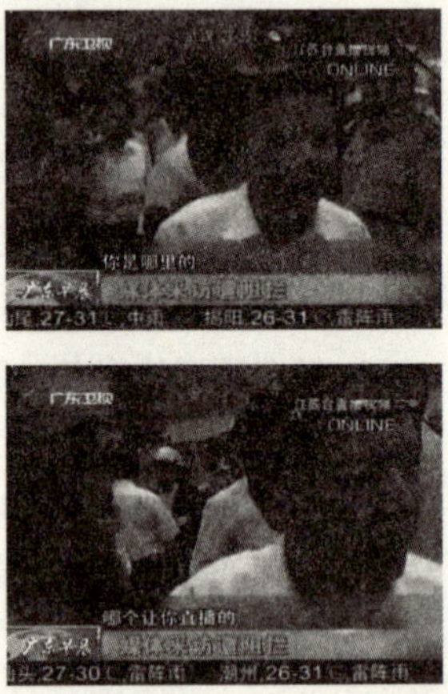

“你是哪里的？”，“那个让你直播的？”，2010年7月28日，南京爆炸现场官员拦阻新闻采访。

每日经济新闻报道了霸王洗发水含致癌化学物质。2010年7月30日，4名自称霸王集团员工的青年男子闯入《每日经济新闻》报社上海办公区。当报社记者与来访人沟通时，遭遇来访男子辱骂、推搡。

界的互相支持。比如，中国产业报协会9月14日在北京启动了中国首个援助困难记者及家庭的项目——首都记者援助项目。仪式上，公布了首批12名受援记者的名单，其中包括在伊拉克工作期间，受辐射等战争伤害严重的新华社战地记者宋聃，为救人遇难的中央电视台社会新闻部记者刘薇，在长期调查采访中遭受严重的身心伤害、今年范长江新闻奖获得者、中国安全生产报记者黄雄，在调查采访过程中遭受身心伤害的经济观察报记者仇子明，在伊春空难中因公遇难的中国经济导报社记者胡文雅等。二是组织调查典型案例，及时向相关权威部门通报情况。其实在日常的采访活动中，媒体及其记者与各部门打交道非常多，只是发生记者受伤害的时候，往往“各自为战”，没有很好组织起来与相关部门进行沟通。记协在组织、协调方面可多发挥作用。三是注意了解和分析记者及媒体生态状况，主动向媒体主管部门报告，提出建设性的意见，争取主管部门的支持。这次启动的中国首个援助困难记者及家庭的项目，就得到了国家主管部门和国家权威媒体的支持，包括中宣部、新闻出版总署、国新办、中记协、中央主流媒体中高层领导也出席了会议。主管部门的支持和表态对维护记者的权益非常重要。今年，发生了多起侵害记者权益的事件，新闻出版总署署长柳斌杰就维护新闻记者合法权益问题进行了旗帜鲜明的表态。在接受新华社记者专访时，他表示，舆论监督是社会文明进步不可少的力量，一定要维护记者合法采访的权益，否则，社会正义就无法维护。记者只要反映的是真实事实，就应该受到保护。柳斌杰还谈到，正在研究如何采取更进一步的措施，在已出台的法规规定基础上，出台关于规范新闻采访秩序的意见，包括规范相关联的党政部门、新闻单位、新闻记者、新闻当事人各自应承担的责任和义务，包括规范媒体自身行为等。作为新闻出版管理部门的高层的表态，对记者和媒体无疑起到了激励作用。当然，作为署长他也讲到媒体的责任问题，笔者认为这也是值得我们媒体注意的。记协要强化职业道德和专业精神的教育，根据职业道德和伦理规范记者的行为。因为媒体只有自律，树立良好的形象，才能在各类纷争中立于不败之地，记协和各媒体机构在维权中也才能更加理直气壮。

（作者系暨南大学新闻与传播学院院长、博士生导师，广东省新闻工作者协会主席）

境外记者的“娘家”

□方 传

香港：记协融聚全行业的力量发声

据南方都市报 10 月 13 日报道，在一国两制下的香港，市民批评政府、记者的采访权利得到了切实的保障，市民、媒体常常猛烈批评港府官员，但警察上门抓记者的事却闻所未闻。

“其实在香港，凡是公共事件或公共政策，都跟主管的问责官员分不开，所以很多时候，批评报道就将矛头指向主管的官员，越是涉及范围比较广、很多人关注的政策，用在官员身上的言语就越尖酸刻薄。”香港资深媒体人阿 Bill 对这类报道已经习以为常。

即使是曾荫权，也难逃媒体的“炮火”，最为尖锐的一次发生在去年 10 月。特区行政长官 2009 年施政报告发布后，其中一个建议派悭电胆购物券的建议，被认为是明显有益于曾荫权的亲家莫锦泉，因为莫锦泉被称为香港“悭电胆大王”，多家媒体连续多日在头版头条大篇幅报道，直指曾荫权亲家可以在这个政策中获利。

作为港府的最高领导人，曾荫权虽然随后公开回应，怒斥这是恶意中伤，但并未采取任何利用行政手段对付媒体、记者，在不久后的一个午餐会上，曾荫权更笑言，香港是个开放多元的社会，他可以接受社会上有部分人不同意政府推行的政策，或不满他的工作，视乎这些批评的程度及诚意，“有时的确会感到烦恼，但自己睡得十分好。”

香港记者协会主席麦燕庭说，官员坦然面对来自市民、媒体、立法会的监督与批评，这种风气由来已久，尤其是舆论对港府的监督，一直都存在，“如果你问我港府有没有对媒体不友好过，说实话，从来不觉得两者之间会有‘友好’的关系，试问谁喜欢有人总是对你指手画脚诸多批判？”

“融聚整个行业的力量，我们才能有更好的途径去发声。”麦燕庭介绍。至于香港记协是否会受到压力，麦燕庭笑言，“港府还没有这个胆，你试想一下，如果我们将他们给予我们的压力公开，他们官员会不会受到更大的压力？”

而经历过今年对广深港高铁的争论、香港政改、菲律宾人质事件等大事件，香港市民对于香港媒体的评分也创下新高。

而对市民的评价，麦燕庭并不掩饰自己的自豪，“我可以负责任地讲一句，即使是批评政府，绝大部分香港媒体还是可以做到公平、不针对某个人、某个党，以事论事，做报道有理有据。”

日本：媒体团体不必操心记者安全

据日本北海道大学教授高井洁司介绍，在日本，对记者施暴事件、或警察滥权逮捕记者事件几乎没有。其中一个重要原因在于如果类似的事件发生的话，无疑会遭致媒体更加严厉的批判，使施暴者和滥权者自身的处境更加不利。

当然，有因记者明显犯罪被逮捕的事情。这种情况下，记者及记者所属的媒体会受到严厉批判。媒体的最高干部还会以辞职公开谢罪，来向社会表示一定防止此类事情的再发生。

所以，因个别的记者的事件引起记者或媒体团体做出某种举动的例子比较罕见。

在日本，作为记者的组织，有“日本记者俱乐部”。但它并不是所有记者都加入的组织。更多的情况是报社、电视台等媒体作为法人会员加入。老牌记者会作为会员联名行动。此外也有像我这样已经从媒体退职的人以个人身份加入的情况。

现在有法人会员 134 家，其职员作为基本会员加入的有 758 人。个人会员有 1486 人。包括赞助会员和单位在内，共计 202 家，2508 人。主要承担，外国要人来日本的时候组织召开记者招待会，根据社会动向组织记者进修和研究问题为目的记者招待会等等。

这个组织和政府主要省厅、警察署及法院等部门设置的作为采访据点的“记者俱乐部”是两回事。

在日本，媒体的公信力较高，企业也好警察也罢，利用暴力和权力来压制媒体是困难的。当然，右翼势力和黑社会无所畏惧对记者进行恐吓的事件也有。尽管不多，实际上如果真的是对记者施暴了，警察也不是吃闲饭的。

美国：法律是最大的倚仗

创建于 1933 年的美国报业公会（The American Newspaper Guild，如今的 The Newspaper Guild）则是主要为了提高记者的工资和改善工作条件而成立。1936年后归属于美国劳工联合会，可见其侧重点在于维护记者作为一名劳工的权益，其成员如今还包括了一些其他行业的职员。

美国全国新闻俱乐部（National Press Club）是新闻记者的一个专业组织。成立于1908年，成员包括新闻记者、前记者、政府新闻发言人等。创始之初定下的信条是，“促进会员之间的社会享受，培养文学趣味，鼓励新闻记者之间基于职业追求的友好交往，并帮助处于困境的成员，促进该行业的道德标准。”不过，它的名声，更多的是来自于它能邀请社会名流来俱乐部发表演讲，包括各国元首。它不是一个维权组织。

对于美国记者来说，最大的倚仗是法律。

当地时间2010年7月19日，纽约法拉盛发生一起华文媒体女记者在街头遭骚扰被打事件。在社团、民选官员和警方探员协助下，女记者报警立案。

通观整个事件，无论是警方还是民选官员，最为强调都是一旦发生侵害，要注意保存证据，以备在法院审理时可提供有利于自己的证据。

在美国白宫的新闻中心，许多年来，只有第一排中央的一个座位上刻上了记者名字，而坐在这个专属座位上的记者就是美国新闻界经历总统最多并以提问尖锐著称的海伦·托马斯。她的力量源泉正是美国《宪法第一修正案》。而屡屡被“折磨”的总统们虽然心有怨言，但却懂得尊重记者的权利。海伦·托马斯2009年89岁生日时，被她强烈批评控制媒体的奥巴马，不仅在生日前的记者招待会上为她唱生日歌，而且送了生日蛋糕。

专题「记者防身术」

专题「记者防身术」

编者按

最近几年，采写新闻的记者屡屡成为新闻的主角，“被围殴”、“被通缉”、“被进京抓捕”、“被天价诉讼”……比之曾经的“无冕之王”，如今俨然已成“高危”职业。撇开其中各种复杂的枝蔓，我们只想追问：面对各种突发新闻事件，记者的人身安全防范是否还可以做得更好？值第十一个记者节来临前夕，本刊策划推出“记者防身术”专题，里面有被打记者的反思，有资深记者的经验，还有传媒法律专家的冷静剖析，探讨如何构建保障记者人身安全的“防火墙”。

2009年6月11日，齐鲁电视台女记者采访时遭山东省德州临邑理合乡牛家村村干部打耳光。

突发新闻报道的安全威胁与应对

□左志坚

左志坚

一、从事灾难报道或突发事件报道中遇到过或可能遇到哪些安全威胁?

1. 在安徽枞阳报道禽流感的时候，被一群村民从患者家中拖走，包被抢，同行的记者照相器材全部被抢走，后通过同事与该县县委副书记联系上，对方派了辆警车来接；

2. 在湖南报道禽流感时，地方宣传部门官员一直尾随，名义上是为提供记者服务，实际是监控记者，阻止或延缓记者进入新闻现场；

3. 一位女性同行报道社保案审判时，在法院外面拍了一张照片，即被保安拖进法院，身上多处有瘀青伤痕；

4. 同事做汉芯报道的时候，曾经收到匿名电话威胁，后来有人提供我们录音说，汉芯造假者曾想让下属找东北黑社会来报复举报人，可能也会报复记者；

5.2008 年汶川地震灾区，第一时间去现场的记者面临与救援部队相同的地质灾害威胁，主要是余震和塌方；

6.2010 年玉树灾区，记者还面临高原反应的威胁，《21 世纪经济报道》有两人因严重的肺水肿下撤至西宁；

7. 同事做过吴英非法集资案，因当地律师和官员参与非法集资，对方发出律师函称我们报道有误，以此干扰媒体调查并威胁记者，但后来的事实和证据都显示，记者的报道非常准确、深入。相比其他同行，财经媒体所受到的人身安全威胁会小一些，但法律报复会多一些（比如富士康冻结记者个人财产），且呈明显上升趋势。

总结下来，受到的威胁主要是五类：

其一，灾难新闻中，一线记者受到灾害的威胁，比如地震、洪水、泥石流等等，和救援部队受到同样的威胁，但大部分记者个人装备和应对能力都比较差，更缺乏成体系的后勤支援。

其二，揭黑报道中，在调查逐渐深入之后，会受到利益受损方的威逼利诱，被监督对象在极端状况下，会找黑社会、打手等等，在事前或事后施加报复。

其三，除直接施加暴力报复之外，近年类似富士康恶意诉讼这类司法报复也有上升趋势。在经济报道领域，被监督对象常常勾结公权力打着法律的外衣行报复之实。这里面主要有司法行政化和地方保护（保护重点企业和 GDP）在作祟。

其四，在突发报道中，记者在新闻现场很容易和公权力的代表发生冲突，这也是最常见的安全威胁。公权力以阻止和延缓记者进入新闻现场为主要目的，会采取强制拖离、短暂拘禁乃至殴打等手段。

其五，一些政府机构和企业，会

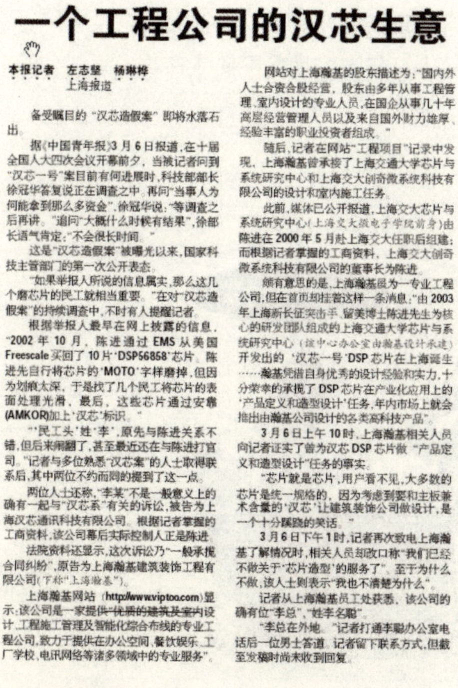

一个工程公司的汉芯生意

本报记者 左志堅 杨琳桦 上海报道

备受瞩目的"汉芯造假案"即将水落石出。

据《中国青年报》3月6日报道，在十届全国人大四次会议开幕前夕，当被记者问到"汉芯一号"案目前有何进展时，科技部部长徐冠华答复说正在调查之中。再问"当事人为何能拿到那么多资金"，徐冠华说："等调查之后再讲。"追问"大概什么时候有结果"，徐部长语气肯定："不会很长时间。"

这是"汉芯造假案"被曝光以来，国家科技主管部门的第一次公开表态。

"如果举报人所说的信息属实，那么这几个磨芯片的民工就相当重要。"在对"汉芯造假案"的持续调查中，不时有人提醒记者。

根据举报人最早在网上披露的信息，"2002年10月，陈进通过EMS从美国Freescale买回了10片'DSP56858'芯片。陈进先自行将芯片的'MOTO'字样磨掉，但因为划痕太深，于是找了几个民工将芯片的表面处理光滑，最后，这些芯片通过安靠(AMKOR)加上'汉芯'标识。"

"'民工头'姓'李'，原先与陈进关系不错，但后来闹翻了，甚至最近还在与陈进打官司。"记者与多位熟悉"汉芯案"的人士取得联系后，其中两位不约而同的提到了这一点。

两位人士还称，"李某"不是一般意义上的确有一起与"汉芯系"有关的诉讼，被告为上海汉芯通讯科技有限公司。根据记者掌握的工商资料，该公司幕后实际控制人正是陈进。

法院资料还显示，这次诉讼乃"一般承揽合同纠纷"，原告为上海瀚基建筑装饰工程有限公司（下称"上海瀚基"）。

上海瀚基网站（http://www.viptoo.com）显示：该公司是一家提供"优质的建筑及室内设计、工程施工管理及智能化综合布线的专业工程公司，致力于提供在办公空间、餐饮娱乐、工厂学校、电讯网络等诸多领域中的专业服务"。

网站对上海瀚基的股东描述为："国内外人士合资合股经营，股东由多年从事工程管理、室内设计的专业人员，在国企从事几十年高层经营管理人员以及来自国外财力雄厚、经验丰富的职业投资者组成。"

随后，记者在网站"工程项目"记录中发现，上海瀚基曾承接了上海交通大学芯片与系统研究中心和上海交大创奇微系统科技有限公司的设计和室内施工任务。

此前，媒体已公开报道，上海交大芯片与系统研究中心（上海交大微电子学院前身）由陈进在2000年5月赴上海交大任职后组建；而根据记者掌握的工商资料，上海交大创奇微系统科技有限公司的董事长为陈进。

颇有意思的是，上海瀚基虽为一专业工程公司，但在首页却挂着这样一条消息："由2003年上海新长征突击手、留美博士陈进先生为核心的研发团队组成的上海交通大学芯片与系统研究中心（该中心办公室由瀚基设计承建）开发出的'汉芯一号'DSP芯片在上海诞生……瀚基凭借自身优秀的设计经验和实力，十分荣幸的承揽了DSP芯片在产业化应用上的'产品定义和造型设计'任务，年内市场上就会推出由瀚基公司设计的各类高科技产品"。

3月6日上午10时，上海瀚基相关人员向记者证实了曾为汉芯DSP芯片做"产品定义和造型设计"任务的事实。

"芯片就是芯片，用户看不见，大多数的芯片是统一规格的，因为考虑到要和主板兼术含量的'汉芯'让建筑装饰公司做设计，是一个十分蹊跷的笑话。"

3月6日下午1时，记者再次致电上海瀚基了解情况时，相关人员却改口称"我们已经不做关于'芯片造型'的服务了"。至于为什么不做，该人士则表示"我也不清楚为什么"。

记者从上海瀚基员工处获悉，该公司的确有位"李总"，"姓李名聪"。

"李总在外地。"记者打通李聪办公室电话后一位男士答道。记者留下联系方式，但截至发稿时尚未收到回复。

以金钱和美色诱惑记者，并会以此做要挟。

二、如何做好自我保护免受伤害？

1. 面对自然界的威胁：记者本人应有基本的常识和经验，比如户外生存的常识（衣、食、住、行），高原病等基本卫生常识，新闻机构本身应有体系化的后勤支援，包括装备（卫星电话、户外装备）以及物资（电力照明、医药）等等。在赶到报道现场后，可与指挥部或部队取得联系，获取采访和物资方面的支援。

2. 面对利益方的黑社会报复：记者在相关敏感报道前后，应注意人身安全，保守个人及家庭隐私，若对方来头较大，可以安排暂时去外地休假，以避风头。

3. 面对恶意的司法报复：事前，要注意把控报道的所有细节，必要时可请律师先看一遍相关稿件，同时注意保存录音、文本和电子文档等证据，必要时可请公证部门对记者获取的相关文件做法律公证；事后，新闻机构本身应作为法律主体替记者的职务行为承担诉讼职能。

4. 报道现场与公权力的冲突：首先，记者要控制情绪，有礼有节地与“粗人”斡旋，毕竟双方都是为了工作，争取不要发生正面冲突（当然，有时候冲突是无法避免的）；其次，若身陷险境，应直接给分管市、县领导打电话（事先应获得其电话号码），以避免遭受人身伤害。尽量不要住在政府安排的宾馆。

5. 钱色诱惑：洁身自好。一般应婉拒。实在不行，可收留存档，并事先说好上缴单位，由单位来处理，必要的话可考虑录音。注意与行贿人打交道时说话的分寸。

三、从事突发报道应该遵守哪些安全行为规范？

1. 尽量不要起正面冲突和暴力冲突，好汉不吃眼前亏，不做无谓的牺牲，可灵活展开斡旋，斗智不斗狠，记者进入敏感区域之后，注意和后方编辑部随时保持联络。

2. 灾难报道应让身体素质较好的、有户外经验的记者前去，且以安全为重，新闻次之，不要拿人身安全开玩笑。进入危险区域和没有信号的区域之前，应和同事结伴，不要独闯。进入之前应和编辑部沟通好所需要的时间，并在任何可能的情况下，与编辑部保持直接或间接（通过第三方）的联络。

3. 在调查敏感事件以及遭遇黑恶势力威胁时，注意保留录音证据。

四、各媒体可以为突发记者提供哪些安全保障和相关培训？

1. 突发新闻记者，应优先获得总署的记者证，因为现在大部分被监督对象都会拿记者证说事来阻止采访；

2. 进行法律方面的培训，比如可能发生冲突时，可引用的法律条款，以及写作时，可能面临的法律诉讼风险；

3. 进行户外拓展，增加户外生存经验以及团队合作精神；

4. 新闻机构应在衣食住行、装备、医疗、通讯等方面，有系统化的后勤支援，以及应急响应机制；

5. 新闻机构应研究并建立突发报道起冲突后的应急机制，包括应该第一时间与谁联系、如何继续报道、如何对相关部门问责、如何与新闻同行互动；

6. 有必要组织起来应对并保护记者的权益。

（作者系21世纪经济报道新闻总监）

记者维权，行为艺术

□朝格图

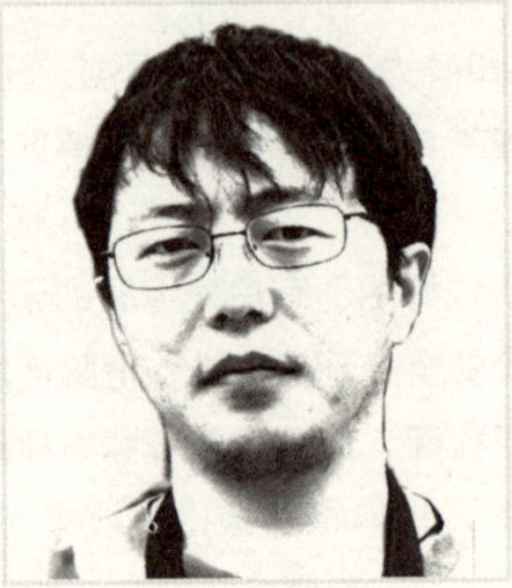

朝格图

“你还没被抓吗”

夏秋之际，当N多家媒体记者组成的“维权部队”，为抗议4位同行被警方无故扣押，在空难发生地伊春打出“警察不能随便抓记者”的自制单贴横幅时，在雨中留下了新闻采写者遭受伤害的剪影：事件频发，但肇事者受到处罚的情形并不多见，连获得一声道歉都显得困难。以至于记者们不得不学习律师界的姿态和维权者的经验，以一种类似行为艺术的方式来主张权利。

就总体格局而言，越来越多的独立采访所引发的冲突在加剧。今年以来，至少有十几个记者编辑被伤害过，比较知名的事件有如下几宗，比如瞭望东方周刊记者周范才被跨县带走、财经编辑方玄昌被打、经济观察报记者仇子明被通缉等。往前追溯，有去年下半年的姚海鹰“被反贪传唤”，以及眼下余温犹在的谢朝平被刑拘事件。

显然，对调查记者来说，2010年的局势显得非常悲观，突然的事件此起彼伏。世界杯期间，一些记者聚集在北京的南锣鼓巷看朝鲜对葡萄牙的比赛，同时分享着大同小异的经历。采访中有人被抓在看守所里，跟警察一起看世界杯赌博，还赢了点银子；有人在宾馆采访，警察来了，采访者被采访者一块给带走了。当然这并不妨碍虚惊一场的家伙们，在雨天愉快地看世界杯。平时连大家互相问候开玩笑的方式都在变化，“你还没被抓吗？”记者，尤其调查记者似乎都觉得司空见惯了。

对比前两年，仅 2008 年初的法制日报记者朱文娜——进京抓记者案算是大事件，而今年的大事件却如此之多。从另一个侧面不难发现环境在恶化，冲突在加剧。

这类事件或许可这么划分：线性事件和多重结构事件。

所谓线性事件，是在采访发稿前被干预，比如新京报记者孔璞和南方人物周刊记者卫毅，采访邓玉娇事件时被侵犯，瞭望东方周刊记者王立三和我 8 月初在吉林桦甸采访水库溃坝被强制扭送派出所事件，以及伊春维权事件。起因都非常简单，地方出于一种非理性心态，控制媒体介入。令我印象非常深刻的是，地方政府和警察在抓记者时配合之默契，以执法的名义来实践他们所声称的粗糙想法——记者的采访是在扰乱当地局势。他们不希望负面新闻被曝光是真。

多重结构事件则要复杂一些，大多是记者刊发了报道之后，比较典型的是朱文娜事件和仇子明事件。从报道观之，大多牵涉具体而微的利益，个中的商业利益尤为醒目。整体事件而言，大多是案中有案，即包含有报道所涉的案件与抓记者的案件。一方面，对媒体来说幸运的是，新闻已经付诸文字。而不幸的是，记者和媒体会坠入人们到对国内媒体的一贯指控当中，记者同样存在利益关联。地方执法者往往以此为由去对付记者。

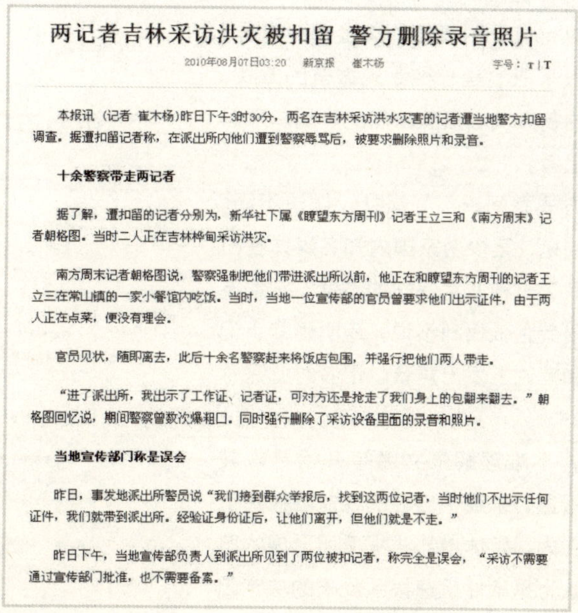

两记者吉林采访洪灾被扣留 警方删除录音照片

2010年08月07日03:20　新京报　崔木杨　　字号：T | T

本报讯（记者 崔木杨）昨日下午3时30分，两名在吉林采访洪水灾害的记者遭当地警方扣留调查。据遭扣留记者称，在派出所内他们遭到警察辱骂后，被要求删除照片和录音。

十余警察带走两记者

据了解，遭扣留的记者分别为，新华社下属《瞭望东方周刊》记者王立三和《南方周末》记者朝格图。当时二人正在吉林桦甸采访洪灾。

南方周末记者朝格图说，警察强制把他们带进派出所以前，他正在和瞭望东方周刊的记者王立三在常山镇的一家小餐馆内吃饭。当时，当地一位宣传部的官员曾要求他们出示证件，由于两人正在点菜，便没有理会。

官员见状，随即离去，此后十余名警察赶来将饭店包围，并强行把他们两人带走。

“进了派出所，我出示了工作证、记者证，可对方还是抢走了我们身上的包翻来翻去。”朝格图回忆说，期间警察曾数次爆粗口。同时强行删除了采访设备里面的录音和照片。

当地宣传部门称是误会

昨日，事发地派出所警员说“我们接到群众举报后，找到这两位记者，当时他们不出示任何证件，我们就带到派出所。经验证身份证后，让他们离开，但他们就是不走。”

昨日下午，当地宣传部负责人到派出所见到了两位被扣记者，称完全是误会，“采访不需要通过宣传部门批准，也不需要备案。”

之所以这样说，我并非针对某一案件，我只是想说，我们所栖身的媒体环境事实上并不优良，媒体和记者也并不一贯独立，这在某种程度上刺激了那些报复者的念头：你不干净。

各自角色

无故伤害记者不仅涉嫌违法，而且涉嫌违宪，抓记者的人必须受到惩处，但这个出自法律界和新闻界的声音有时仅是一厢情愿。反观令人悲观的现实，很少有肇事者被查办，除了曾被免职的“史上最牛县委书记”张志国。

分析2008年“进京抓记者案”，有助于理解抓记者事件中的记者、所在媒体、主管单位和地方主事者的各自角色。

最初，辽宁西丰警察手持拘传证到北京法制日报法人杂志社抓朱文娜记者时，杂志社的领导对记者并不信任。这与后来经济观察报对待仇子明事件的态度迥然有异。经济观察报采取的是一种令人振奋的方式，即以报社的名义发表措辞激烈的声明，来保护自己的记者。

两种方式之间，不同报社，做法不同。我所知道的是，至少两家国内知名媒体在出事之后采取了一种非常保守的态度。它们不为自己的记者主张权利不说，还明确禁止记者在网路和言论上发出声音。记者对此深感失望。

由此，不难理解朱文娜等开始寻求其他媒体的报道，来维护自己的权益。包括仇子明事件在内，媒体爆炸式报道所形成的舆论场，被认为是事件迅速拨乱反正的决定因

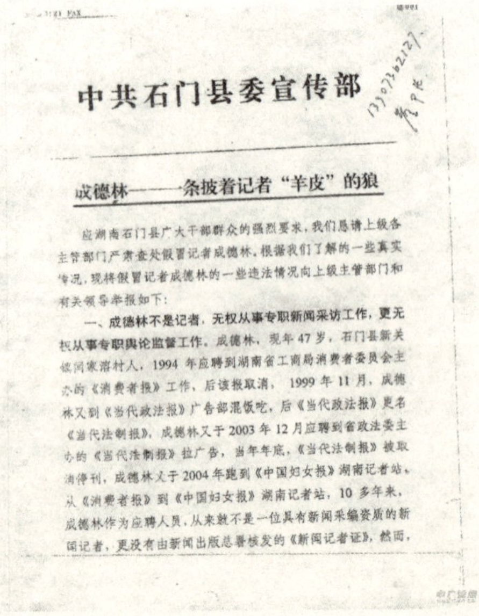
中共石门县委宣传部

成德林——一条披着记者“羊皮”的狼

应湖南石门县广大干部群众的强烈要求，我们恳请上级各主管部门严肃查处假冒记者成德林。根据我们了解的一些真实情况，现将假冒记者成德林的一些违法情况向上级主管部门和有关领导举报如下：

一、成德林不是记者，无权从事专职新闻采访工作，更无权从事专职舆论监督工作。成德林，现年47岁，石门县新关镇闵家溶村人，1994年应聘到湖南省工商局消费者委员会主办的《消费者报》工作，后该报取消，1999年11月，成德林又到《当代政法报》广告部混饭吃，后《当代政法报》更名《当代法制报》，成德林又于2003年12月应聘到省政法委主办的《当代法制报》拉广告，当年年底，《当代法制报》被取消停刊，成德林又于2004年跑到《中国妇女报》湖南记者站，从《消费者报》到《中国妇女报》湖南记者站，10多年来，成德林作为应聘人员，从来就不是一位具有新闻采编资质的新闻记者，更没有由新闻出版总署核发的《新闻记者证》，然而，

素，毋庸置疑此说成立。但另一些因素不可忽视，比如朱文娜事件中，在媒体报道轰炸之下，法制日报的强势反击及其主管单位中央政法委的介入，也肯定促成了“史上最牛县委书记”张志国的落马。

张的落马在众多记者被抓事件中显得像个意外。即便维权主张强烈的报社和记者，得到的也不过是一声“道歉”，鲜有人受到惩处。另有一些则无疾而终，连一声“道歉”都得不到。

记者所在报社的角色显得非常关键，对此存在不同的声音。一种看法认为，记者属于报社，背负职务之身，因此是否维权以及如何维权都需要报社决定。而在另一种看法中，忽视报社的角色，对类似伊春事件中记者们的行为艺术给予了赞许——努力维权的记者们被看成是新闻界的声音。

今年8月我们在吉林桦甸被无端扭送派出所之后，与报社沟通后，我们选择现场维权，拒绝了对方的道歉。南方周末网站上也发出了针锋相对的新闻稿。在派出所，我们将当地宣传人员和警方跟踪、押解扭送、搜身抢包、删除录音、查看私人物品、限制人身自由、推搡、辱骂、粗暴干涉新闻采访等暴力侵犯行为列成9条，要求桦甸市公安局作出公开解释，查办相关人员。对方承诺绝不姑息，作了笔录。时至今日虽没有明确说法，但这是国内的常态。新闻界似乎并未要求到更多。

而那些地方主事者们，那些抓了记者的官员，则用各种方式暴露了他们的面孔。比如带着警察抓了我和王立三的桦甸市委宣传部常务副部长张晨光，他始终强调记者的存在扰乱了当地的安定团结，而他抓记者则出自灾区的“维稳”需要。在我采访张志国时，他甚至对记者破口大骂，电话中他高声说欢迎记者到当地采访，而去了当地的记者统统吃了闭门羹，无法得到政府方面的任何说法。

他们还各自提供了很多自相矛盾的解释，分辨起来相当容易。我的经验是，用一种不太礼貌的说法，大一些的官员犯的是一种“滥用警犬之罪”，而警察们则确实在滥用警权。

自我保护是伪命题吗？

桦甸事件之后，有人问我在采访中都受到过哪些阻碍掣肘。事实上每个调查记者的采访过程中都受到过不少的阻碍，都拥有一套应对之策。诸如在一些相对敏感的采访中，最怕暴露身份带来发稿之虞，因此会放弃接触官方，或者采取非常稳妥的方式呈现官方说法。

在形形色色的障碍中，我印象比较深刻的是前年采访猎杀大熊猫事件。

有司法材料做铺垫，早期的采访都异常顺利，后续报道时需要接触重庆一个县的警方。吃闭门羹是肯定的，但从公安局出来之后，一个穿着灰色夹克的人就始终跟着你，去森林公安局，跟着。去政府，跟着。吃饭，跟着。直到我离开那个地方。

另一个印象深刻的是2008年“十一”采访重庆纵火案的家属。当时在采访对象家门口敲门，回音未落，警察就来了，说我扰民，要查验身份。诸如此类的说法不值一驳，他们还比较温和，不会抓人，但我也无法采访。索性出去，过一会再回来。警察们也如影随形。折腾到深夜，才躲开警察搞定采访。

仅论技术，如果有人出面阻碍，最好保留证据，比如录音，比如视频。不少摄影记者的经验是，哪个警察官员拦着就拍哪个，言语上保证不落下风，以此摆脱拦路者。当然在一些突发事件中，能避免正面的冲突则尽量避免。年轻的记者则需要有一个基本的法制意识，因此也会真切意识到那个法治的世界离我们有多远。

一旦遇到暴力阻挠受到侵犯，则将之公之于众，通过公开渠道引发围观。目前这是最为有效的保护途径。

往大了说，我赞同律师周泽的说法，记者如何避免被其他公权力伤害，其实是一个伪命题。理由非常之简单，你不知道隐藏在某地那饱满的非理性状态如何爆发。发帖被抓、采访被打、报道问题被拘传、被网上通缉、被治罪等等事件的频频发生，以及媒体、记者不时因报道某些问题被惩罚，都可被纳入此列。

在东北的桦甸，扭送我们到派出所后，瞭望东方周刊记者王立三的录音笔被收缴了。16条录音，只剩下12条。深夜人静，到宾馆安顿下来王立三听那“仅存的”12段录音。采访而来的灾地之声竟然被粗劣混杂的录音所覆盖：前几段每段几十秒，是田震的歌曲《水姻缘》，“爱的深呀爱的真，怕因缘似水”。接下来几段是一种流行歌的毫无意义的前奏。最后几段更短，一个女的，在唱摇滚，声嘶力竭，但歌词听不清。

哭笑不得——大体上就是我对此类现象的切身感受。本质而言，在中国，两个被公权无端伤害的人，不会因为职业之别有太大不同。在这个意义上，我欣赏一些人的默默忍受和不断前行。

（作者系南方周末记者）

记者自我保护才切实可行

□张 鹏

张 鹏

有人说，被打是一名社会新闻记者成长的必修课；有人说，被打是一名职业记者的光荣，还有人说，被打是记者敬业的表现。其实我想说，记者被打和普通人被打一样，是对身体和心理的一种伤害。

记者作为新闻事件的记录者，本应该是一名旁观者，局外人。但事实上，因为暴力阻挠干扰采访行为的存在，记者一次次成为了新闻事件的主角。如今，在搜索引擎检索，你会看到记者“再次被打”、“屡屡被打”、“频繁被打”等字眼。就东莞来讲，自去年 7 月到今年 9 月，仅一年多的时间便已发生 5 起记者被打事件。

这其中，有采访环境恶劣的因素，有新闻竞争日益激烈化的因素，也有记者本身值得检讨的地方。

今年 8 月 31 日凌晨，我在虎门采访时，遭遇当地治安员抢夺相机、手机，还被治安员围打。事发后，虎门镇政府第一时间道歉，然后检讨，接着给出慰问金。在检索以往发生的几起记者在东莞采访时被打的事件处理方式时，发现打人方的表现惊人的一致，先道歉、后检讨、赔钱。再发生记者被打的事情，再道歉再检讨。如此，记者频繁被打便不奇怪了。套用业界一句话来说，便是“打记者已经成为一种习惯”。

暴力思维在作怪

记者屡屡被打，已经引起了业界的普遍关注，记者频繁被打的原因，众多专家学者早有罗列。个人觉得最为根本的原因在于市场化办报的大背景下，新闻行业竞争日趋激烈，记者一味追求所谓的“猛料”、“独家”，增加了被打的危险。在白热化的新闻行业竞争中，常规的新闻已不再能够满足读者的要求。于是，记者开始挖掘一些敏感领域，这些领域往往涉及隐私甚至犯罪，这无形中增大危险系数。而在常规的突发新闻现场，为了获得比竞争对手获得更多的料，记者会想尽一切办法接近事件核心人物，和近距离观察现场。这样就让记者与事发现场保安、治安员甚至是警察的冲突在所难免。突发事件现场，双方情绪都高度紧张，一不小心，极易起冲突，记者非常容易被打。

另外一个重要的客观原因就是采访环境的恶劣。尤其是在珠三角的城市，工厂林立，人口集中且流动性大，治安混乱，极易发生恶劣的犯罪案件。长期处于这种环境的保安、治安员，包括基层的一些领导，养成了一种暴力的思维。当突发事件发生时，他们非常容易倾向于简单、粗暴的解决方式，不懂得引导媒体，而是首先想到的是要遮盖事实。

在基层，记者履行舆论监督的职能，大多数扮演的角色都是揭黑、扒粪者。基层的领导一见到记者到现场，头脑中第一反应便是记者来做负面报道来了，要防堵记者，不能让记者接触到现场。一旦记者到达现场后，

记者虎门采访遭治安员围殴

该镇相关负责人闻讯后至医院慰问受伤记者，涉案治安员已被开除

南方日报讯 8月31日凌晨零时，南方都市报记者张鹏在虎门博冲社区博头路口采访时，遭到现场治安员的围殴致其眼睛和脸部受伤，血流满面。后在太平人民医院缝了数针。

事故发生后，虎门镇有关负责人及时赶赴现场处理，声明将全力维护新闻记者的采访权利，并指示警方迅速调查该事件，严肃查处施暴治安队员。截至发稿前，记者了解到，涉案的几名治安员已被开除，而南都记者张鹏仍在住院观察中。

起因▶▶

限制采访起冲突

张鹏回忆称，当天凌晨零时左右，他接到报料，称虎门在博头路口附近进行的“五整治”行动中，执法人员扣留了一辆小面的，并与当事人发生争执。

零时30分左右，他与本报记者前往现场采访。在现场，他见一辆小面的停在路边，右前轮被上锁了，车主情绪很激动。不远处，几名治安员蹲在路边，一辆治安巡逻摩托上坐着一名穿着便装的光头男子。

张鹏上前询问发生了什么事情，该光头男子说：“你们是干什么的”，张鹏回答：“南方日报和南方都市报的记者”，并反问该男子的名字和单位，该男子拒绝回答。

现场▶▶

为夺手机　追打记者

此时，本报记者拿出相机，准备拍一些现场图片。光头男子一个箭步冲过来，抢夺相机。要求记者删掉所拍的图片，张鹏便拿出手机想拍下当时的画面，但光头男子一伸手，就把手机抢了去。张鹏说：“在这种情况下，为了留下唯一的证据，我只有拿出另一部手机对现场进行拍照，这时候，光头男子身边的几名治安员就把张鹏架起来打了。”

“你来打我啊，来啊！”据了解，张鹏被打的过程中，对方有一人还不断出言挑衅，尔后，更有一名治安员称：“我就算不做这份工作，今天我也要打你”，随后，冲上前往张鹏头上又猛砸了几拳，张鹏顿时脸部血流如注。

张鹏说，这个过程大概约10分钟，四五名治安员为了抢夺张鹏的手机，数次追打张鹏，场面一度极其混乱。

政府回应▶▶

治安队员行为粗暴，将严肃处理

事件发生后，虎门镇党委委员李鼎如、镇宣传办主任李世贤及虎门公安分局相关负责人闻讯后赶到医院。

李鼎如称，打人者系虎门博涌社区博头村的治安队员，此次事件性质恶劣，他要求公安等部门迅速查清事件经过，严肃处理伤人治安队员，并向张鹏赔礼道歉。与此同时，虎门还将对广大治安人员开展教育，避免类似事件发生。

而博涌社区书记欧子杰则对现场的媒体称，此次事件，说明治安员素质较差，他说，“在妥善处理此次事件的同时，他将加大对社区治安员批评教育，以保障记者的采访权利。”

截至发稿前，记者了解到，殴打记者的四名治安队员已被开除，虎门警方已成立专门的调查组，对此事件做进一步的调查，而南都记者张鹏目前正在太平人民医院住院观察。

南方日报记者

进行拍摄或者接近封锁线时，他们平时养成的暴力思维便开始作怪，阻拦记者采访，甚至是辱骂、殴打记者。

记者如何避免被打，这其中也涉及一个采访技巧的问题，需要记者不断地反思和总结。

记者如何维权

当记者需要维权的时候，同样也是面临法律方面、从业环境方面等等诸多困境。这跟普通人的维权道路一样曲折。

我被打后，希望通过法律渠道来严惩打人者和获得适当的法律赔偿。但法律事务部的同事告知，目前没有专门的法律来保护记者权益，只能走一般的法律途径，精神赔偿金最高可以索赔 5000，住院的时候打人一方已经承担了医疗费，所以按照目前来看，已经获得 2.5 万元的赔偿已经相当不错。至于打人者，由于我脸上的伤疤只有 1.5 厘米长，不够对打人者追究刑事责任，所以治安拘留打人者 10 天，罚款 500 元，也已经是不错的结果。而至于治安队长抢夺记者相机和手机的行为，不够治安处罚。

现实的困境，让人望而却步。在法律尚不完善、从业环境还存在诸多困境的情况下，个人认为保护记者合法权益不受侵犯最为有效的途径应该是自我保护。

首先，记者应该清楚自己的定位。西方社会赋予记者“无冕之王”的称号，但在市场化办报的背景下，尤其是在珠三角个城市，记者大多数起到的作用是帮助维权和服务。所以，在采访中，记者不能表现得过于强势，甚至凌驾于公权和司法之上，否则会引起受众的反感，也增加了记者权利被侵犯的可能。

其次，记者应该不断反思和总结采访技巧。在采访中尤其是在采访突发新闻现场时，保持冷静克制，采访要讲究策略和智慧，不能莽撞，要学会保护自己，主动避开于现场维持秩序的保安、治安员、警察等正面接触的机会，采取隐蔽拍摄或者暗中采访等技巧，降低冲突发生的可能。

今年 8 月 26 日，我们接到报料称虎门沙角某工厂发生毒气泄漏，70 余人入院治疗。由于当时对毒气泄漏的情况没有清晰的判断，为了安全起见，我们拿出了防毒面具，带着拍摄设备便和同城其他媒体的记者一共十余人一起往事发工厂靠近。不料，这引起在现场处理险情的虎门安检分局副局长秦某的极大反弹，秦某放下手中的工作，指着我们大喊：“谁让你们来的！是政府让你们来的吗？！我现在是政府最大的官，要求你们立即离开。”情绪失控的秦某在事发现场指着记者大声辱骂了十多分钟。在场的记者都保持冷静，没有反驳，避免了事态的进一步恶化。事后，秦某意识到自己言论的不当，主动向记者道歉：“毒气泄漏，险情紧急，我本来就很紧张，你们浩浩荡荡十多个记者，带着防毒面具和照相机，让我一下子压力骤增，情绪失控了。”

从这个事例来看，只要我们记者在现场保持冷静克制，注重采访技巧，有些冲突是完全可以避免的。现在反观8月31日，我在虎门博头村采访时被打一事，如果当时治安员抢夺我们的相机和手机时，我们首先想到的是暂时的妥协和避让，而不是继续拍摄留下对方抢夺相机的证据，那么这场冲突也许可以避免，至少事态不会继续升级，正常的采访还可以继续。

作为一名新记者，需要学习和反思的东西还有很多。采访是一门技术，更是一门充满智慧和谋略的艺术。

在报社中，有许多老记者，身上都有疤痕，都是在采访中被打留下的。我的脸上也留下了一个疤痕。但更大的伤害在于心理。

委屈、屈辱和愤怒，会影响到记者的职业生命。所以我觉得，被打后，

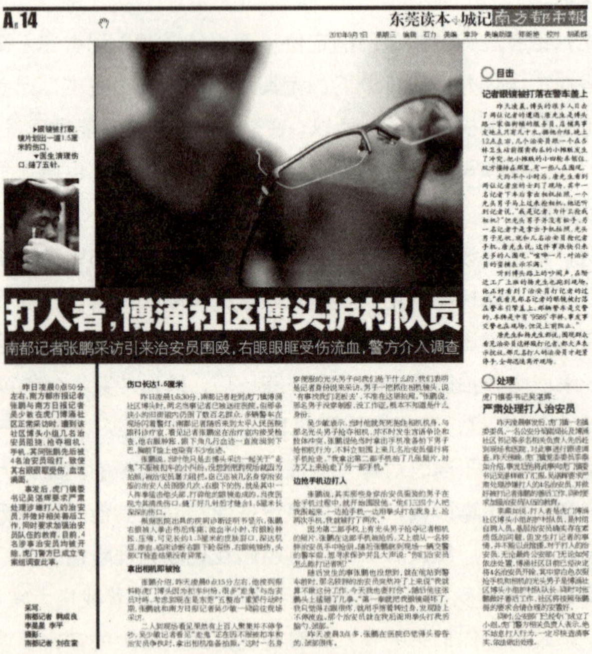

A14 东莞读本·城记 南方都市报

▶眼镜被打裂，镜片划出一道1.5厘米的伤口。
▼医生清理伤口，缝了五针。

打人者，博涌社区博头护村队员

南都记者张鹏采访引来治安员围殴，右眼眼眶受伤流血，警方介入调查

昨日凌晨0点50分左右，南方都市报记者张鹏与南方日报记者吴少敏在虎门博涌社区正常采访时，遭到该社区博头小组几名治安员阻挠，抢夺相机、手机，其间张鹏先后被4名治安员殴打，致使其右眼眼眶受伤，血流满面。

伤口长达1.5厘米

边抢手机边打人

目击

记者眼镜被打落在警车盖上

处理

虎门镇委书记吴湛辉：

严肃处理打人治安员

需要的不是多少抚慰金，也不是打人者的道歉和遗憾，最需要的是心理的抚慰。

然而，现实中，心理的抚慰是最容易忽视的。我们的报社和记协完全可以在这方面做得更好。

（作者系南方都市报记者）

案例链接：

2009年7月8日，东莞大岭山镇信立农批市场门口一男欲跳楼，向市场索要退款。采访过程中南方都市报摄影记者、实习生，广州日报摄影记者遭到数名男子殴打，两台相机被抢走。

2009年7月27日，南方都市报、羊城晚报及广州日报记者在东莞谢岗镇赵林村星联圣诞饰品厂采访一火灾时遭遇工厂保安的围殴，南方都市报及羊城晚报的记者被打受伤入院。

2009年8月31日，在东莞虎门镇金州梁屋一出租屋楼下发现一具裸体女尸，广州日报记者刘满元在采访过程中，被两名社区治安员殴打，全身多处软组织挫伤。

2010年7月27日下午，南方都市报记者何永华前往东莞康华医院采访因见义勇为而受伤的莫先生，在采访过程中，何永华遭到两名保安的推搡，还被其中一名保安用手肘击中头部，当场倒地。

2010年8月31日凌晨，南方都市报记者张鹏和南方日报记者吴少敏到东莞市虎门镇博头村采访治安员殴打小贩时，遭遇治安员抢夺相机和手机，张鹏被四五名治安员围殴，致眼角受伤，缝了三针。

记者人身安全防范的现实视角

□梁香禄

梁香禄

新闻采访权：一件外表华丽的“武器”

有关采访权的问题，在实践中几乎是一个伪问题：它其实是一个如何有效突破新闻现场，如何与采访对象斗智斗勇，如何在采访中自我保护的采访技巧问题——这个判断与法律是否完善、采访权是否完善无关。

记者是职业风险较高的行当之一。有关风险大体有若干种类，比如采访过程中的人身安全风险，比如战地记者的生命安全风险，比如有偿新闻诱惑或陷阱下的职业操守、违法犯罪风险，比如新闻或许失实而遭受投诉、诉讼的侵权风险，比如“负面”新闻的报道对象或许打击报复的风险，比如舆论导向是否得当的纪律风险等等。

近年来，记者采访过程中遭受暴力伤害的事件尤为多见。对此舆论多有指责施暴者素质低下，或论证记者采访权得不到保障而凸显法律不健全，从而呼吁新闻立法的。这些指责或呼吁当然可以自圆其说，但在笔者看来，站在记者和媒体单位自我救济的角度，理性而现实地防范处理职业风险，主动避免暴力事件的发生，方为正道。

诚然，在目前整体舆论环境之状况下，对记者采访权的正当性、合法性和保障措施的必要性，从理论上无论再怎么强调呼吁都不为过，但是，新闻实践所直接面对的法治现状和具体境况毕竟不能忽视与超越。而现状就是，采用成文法法律体系的中国大陆，迄今为止并没有一部关于新闻的专门法律或行政法规，甚至连“新闻采访权”这一基本概念，也仅仅散见于个别部门规章、官员讲话或者学理上的分析，停留在笼统概念的层面，而无法从法律上详细界定清楚，至于它如何得以有效保障，更是无迹可寻。

任何一项“权利”，如果没有相应的强制力作为担保，它在事实上就不是也不可能是真正的权利。所谓强制力，通俗讲就是“保障措施”，在法律规范的层面，就是对违法行为的法律制裁。

这么说并不是要否定采访权的正当性、合法性。只是必须明确，它在学理上虽然成立，但引用于新闻实践，尤其是对抗采访对象的阻挠，却囿于现实境况而往往是无效的，甚至适得其反、反受其累。且不说“负面”新闻的采访对象是否有耐心听、能否听得进去，仅就记者一方而言，这件外表华丽的“武器”，无疑会让其产生错觉，以为它强大无比，足以抵御血肉筋骨之拳脚，以至决心悲壮地坚挺，不存任何闪躲逃离之念想——有时候，这种错觉是致命的。

这么说也并不表明记者人身权益缺乏足够的法律保障。记者在采访过程中的人身权益受到任何非法侵害，除了属于工伤、依据工伤条例得以救济以外，当然还可以适用治安管理处罚法、民法乃至刑法的合法保护。这种保护与所有公民的待遇是一样的，不会少，也不会额外地多。保护公民身体生命免受非法侵害，法律不会也不应当因为对象身份、职务的不同，而有所差别。无论是贫民还是富翁，是普通公民还是官员、警察，其身体

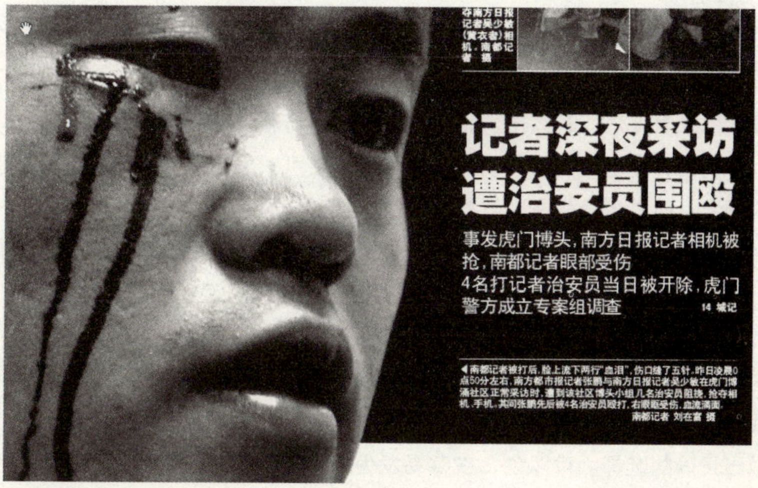

生命都同等尊贵，不容非法侵犯。反过来说，任何人对他人身体生命加以非法伤害或剥夺，均应受到同等惩罚——如有例外，必定是价值观和法律本身出了毛病。

必须正言廓清的是，假使采访权明确清晰，那它可以是用来保障记者有权获取特定信息以满足公众知情权的，可以是用来强制有关部门、人员接受舆论监督的，但一定不是用来保护记者人身权益免受非法侵害的。这对于一般媒体从业人员以及媒体来说，或许是又一重更为隐蔽、更为普遍的错觉，以为记者人身安全问题都出在了采访权这个层面上了，其实并非如此。因此事实上，采访权这件“武器”，也并非徒有其表，只是记者有时用错了地方，试图以采访权来对抗侵犯人身权益的行为，这无异于拿起了棉花来对付针尖麦芒。

所有这些，都是必须正视的大前提。我们可以在舆论上大力鼓吹采访权，却不能主要靠它来指导新闻采访实践；我们必须将学理上关于采访权的探讨，与新闻业务中关于采访权的运用，严格区分开来，在实践中针对不同具体境况灵活应对处理。

对于负有法定义务——法定职责或法定信息披露义务——的国家机关、社会组织或者个人，对于公众人物包括官员的言行，对于涉及社会公共利益的任何事项等等，记者采访受阻，当然可以堂堂正正地主张采访权，要求其提供信息、接受采访；而对于法律禁止刺探、搜集与披露的信息，对于普通社会公众的隐私，对于一般企业内部管理及经营行为尤其是涉及商业秘密的事项，对于无涉社会公共利益之事项等等，记者应当适当自我克制，尊重采访权的边界——如果就这样泛泛而谈，那显然是把问题简单化了。

现实情况异常复杂，大量具有新闻价值的事件，事实上无法用一两个公认的理性标准去评判采访权是否正当；即使是公认的标准，也往往过于概括抽象而无法即时运用，比如何谓“公共利益”，就可以有无数争议。

再说，记者遭受暴力伤害，极少出现在可以慢慢悠悠套近乎、说道理的场合，而更多发生在突发安全事故、社会矛盾纠纷、违法行为等事件的采访现场，此时事主正值懊恼颓丧之际，还得忙着善后处理，又怎能寄望于其足够理性地对待记者的“采访权”呢？

最为关键的是，记者任何时候都不应当忘记，自己的工作任务是什么？是千方百计获取新闻，还是跟采访对象争论新闻采访权是否正当？不断自我提醒和拷问这一核心问题，或许可以让自己的头脑始终保持清醒，从而做出正确的选择。可以说，在容易发生冲突的新闻采访现场，记者是否冷静克制，很多时候最终决定了新闻主角是否同时也包括了自身。作为“被打”记者，虽可获得舆论同情，最终也会获得合法赔偿（不管这种赔偿来自内部还是外部），但工作任务却没有完成，自己身心也备受创伤与困扰，这笔帐是否划算，还真的需要刨开表面，挤出内核，认真看一看，算一算——这就是本文标题“现实”二字的由来；这是一个务实的、现实的视角。

对于一个经验丰富、技巧老到的记者来说，对于一个深刻洞察社会现实的记者来说，对于一个正确区分新闻理想与职业现实，从未自诩自认“无冕之王”的记者来说，有关采访权的问题，在实践中几乎是一个伪问题；它其实是一个如何有效突破新闻现场，如何与采访对象斗智斗勇，如何在采访中自我保护的采访技巧问题——这个判断与法律是否完善、采访权是否完善无关。一个善良而理性的人面对暴力或暴力威胁，终究是要优先选择努力将其平息、避免，而不是依靠某种力量而与之直接对抗。

对于这样的记者而言：

他/她在出发之前就会预估，采访会不会有阻力，自己是否受欢迎？如果要直接采访事主，事主此时的心情是否悲伤、情绪是否急躁？所问问题是否会无意中激怒对方？如果要突破安保人员，能否在尊重其劳动的前提下，换一种方式、不为难他们而赢得采访？文字与摄影记者之间如何互相掩护、互相配合，何时合、何时分？非要全副武装吗，那些摄影器材在这种场合是不是过于张扬了？摄影镜头给人的感觉是不是充满了侵略性？如何拍摄才能减少别人的不安和反感？万一别人强抢摄影器材怎么办？可否不动声色地完成采访？……他/她会在通盘考虑之后，在众多的采访技

2005年11月9日，河南电视台法制频道一名记者被打，记者的摄像机上沾满血迹。

巧中选择最佳方案，谋定而后动。

他 / 她对新闻事业充满热忱，但绝不越位，试图上演“包青天”现世版，或自以为采访权没有边界，其触角可以抵达社会的任何角落。他 / 她力戒自己在社会纠纷事件中，成为某一方即使是相对弱势一方当事人的代理人，主动抑制直接为其出头的冲动，而仅仅是客观记录纠纷的处理进程，或呈现其所处之困境。他 / 她不会以记者的名义，扛着摄影机带着农民工，向欠薪老板逼问其何时清偿欠薪，但他 / 她也许会引导农民工寻找法律援助；他 / 她不会以记者的名义介入家庭矛盾，试图让命运多舛、关系紧张的母女重拾亲情，但他 / 她也许会呼吁对那位病重女儿的社会捐款；他 / 她不会以记者的名义跟在女方身后，记录妻子将丈夫捉奸在床的拍案惊奇……他 / 她不会因为这种或隐或现、大有市场的“包青天情结”，反而忽略了新闻专业主义所要求的客观、公正。

他 / 她善于“避其锐气，击其惰归”，在突发新闻现场特别是恶劣的采访环境下，将各种采访技巧发挥到极致。比如乔装打扮，或消防，或安保，或救护之便衣人员，都是他 / 她的拿手绝活；比如因事制宜，从被封锁一边出口的马路的另一边逆行到达事发现场；比如居高临下，从制高点通过望远镜照相机观察拍摄现场；比如曲径通幽，绕开正面防线，包抄迂回靠近或进入新闻现场；比如换位思考，理解、尊重别人的职责与劳动，谈笑间成功消解安保人员的抵触心理，得其指点迷津而另觅他途……他 / 她相信，自己就是一条变色龙，悄然融入环境，是一个看不见的人；他 / 她坚信，采访是一门艺术，情商与智商同等重要，做一个笑脸相迎的人，一个自然而然令对方无法过分的人。

他/她在暗访中牢牢把握原则：避免暴露、避免冲突。万一被发现，来者势单力薄、相对和善的，他/她也许会出示记者证表明身份，向其解释并试图继续采访。解释的若干理由之中，是否适当援引采访权，他/她会根据具体情形而定；来者人多势众、气势汹汹的，他/她也许根本不会试图解释并坚持采访，而是"三十六计，走为上计"。当他/她看到摄影记者被缠住时，会立即上前劝架打圆场，协调和解，情况严重时报警求助，而不会在旁边拍摄纠纷过程以图曝光，不会轻易参与纠缠，甚至放手一战……他/她总在提醒自己和搭档，咱们是来采访的，不是来斗气的；实在不行，再度上演一场猫与老鼠的好戏，又有何妨呢。

……

在他/她的脑子里，在努力突破新闻现场以及采访的过程中，采访权的概念几乎是不存在的；当被发现、被驱逐，尤其发生纠纷导致第三方比如警察介入时，采访权或许才成为可能的理由之一，并且是解释的理由，不是反驳、抗辩甚至与对方辱骂动手的理由。

像这样的记者，几近完美。尽管不能完全做到，但至少是值得努力的方向；即使不能完全做到，但只要有了这样的认识，相信很多暴力事件，完全可以避免。

以报道来支持记者维权：其实很危险

优先报道的处理原则，一定程度上鼓励了记者"理直气壮"、"无所畏惧"的冲动，对培养记者自我克制、自我保护的意识，极为不利，最终反而是对记者的间接伤害。

记者已经相当克制，可暴力事件还是发生了，又当如何救济?

一种很容易想到并常见的方法是，对暴力事件予以曝光，形成舆论压力，迫使对方赔礼道歉、支付赔偿并承担治安处罚乃至刑事责任。

很遗憾，这种做法也值得反思。作为直接利害冲突的两方当事人的一方，媒体直接为自己一方的利益进行报道，是否合适? 关于记者"被打"的新闻，几乎都没有回过头去采访打人者，都只是记者单方面的说法，极少数报道最多是加上旁观者的见证。那么，新闻报道必须真实客观，媒体在纠纷事件中应持中立公允之立场，批评报道应当采访报道对象披露其辩解意见等新闻原则，如何得以有效保证呢?

如果不深究、不坚持这些新闻原则，那么，新闻报道就可能变成了纯粹的维权措施。而这样做是否与媒体作为社会公器的特点相冲突，媒体是否有公器私用的嫌疑呢？既然记者受伤害能够用新闻来维权，那么他人与媒体单位的经济合作出现纠纷，例如拖欠广告费用，是不是也可以？发行员推销报纸被小区保安驱逐殴打或者是被狗咬的情形呢？既然记者 A“被打”可以报道，那么记者 B、记者 C、记者 D“被打”呢，媒体内部又如何平衡所有“被打”记者的报道诉求？再进一步，广告经营、报纸发行，是不是也可以用新闻报道作为营销手段？

不得不说，以新闻报道来支持记者维权这样的思维和方法，表面上看来很自然，但深究起来，其实很危险。

当然，这是“反思”而不是“反对”意见。希望媒体单位在面对这些当然让人异常愤怒的暴力事件时，也能够冷静克制，有所为有所不为，并且讲究方法策略。往往是在这种时候，最能够体现一份媒体的操守和追求。

冷静克制的表现，至少可以体现在两个层面，一是树立一个总体原则，记者被暴力伤害的事件是否报道，要区分不同情况，分别处理。比如对方是普通个人或企业的，尽量不予报道；对方是公众人物、政府官员的，可以报道。比如情节轻微的尽量不予报道，例如没有造成明显伤势、无需专门治疗的情况；情节较为严重的才考虑报道，例如伤势明显、必须接受专门治疗的情况。或者采用一个较为明确也相对较高的标准，必须是司法机关对打人者处以治安拘留及以上处罚的情况，方予报道。采用这一标准，必然意味着报道不能马上进行，而需等待警方的处理结果，但它一定程度上有效解决了有关新闻原则以及报道效果的问题。二是将是否报道的决定

2006年4月3日，重庆晚报摄影记者被几名男子打倒在地。

权，按照审慎克制的原则收归媒体最高决策机构，而不应由普通采编人员或部门自行决定。最高决策机构由此必须承受，来自内部人员的任何可能的抵触情绪和集体呼吁的压力。

在理想状态下，甚至是自己的媒体不要报道，而由其他媒体报道。谋求具有竞争关系的媒体之间因为职业共同利益而相互声援、支持，在目前现状下或许是有难度的，但至少在同一个媒体集团的不同媒体之间，或者在不具备直接竞争关系的媒体（集团）之间，可供这种操作容身的空间，应该还是存在的。

如果媒体自身不主动加以适当规范和引导，则在媒体内部或许会形成习惯，只要是采访对象与记者发生肢体冲突，都会进行报道，报道得多了，并且很多都是没有下文的，就会在整体上削弱记者真正被暴力严重伤害的新闻的社会效果。比如，或者有人会“不怀好意”地疑问，为什么你们记者老是“被打”呢？媒体内部人员对“被打”记者的同情和声援，恐怕也会逐渐演变为一种纯粹的感性情绪，采编原则或有被这种情绪裹挟而前之虞。更为重要的是，优先报道的处理原则，一定程度上鼓励了记者“理直气壮”、“无所畏惧”的冲动，对培养记者自我克制、自我保护的意识，极为不利，最终反而是对记者的间接伤害。

由于职业的关系，记者要经常直接面对“负面”新闻的采访对象，这些采访对象必然将要承受“负面”报道给其带来的不利后果，而我们又不能寄望他们都像圣人一般，有错就欣然接受批评，所以记者常常身处险境，这本属正常，是记者职业固有的风险之一。应对之策，贵乎事先防范避免；事后救济，虽万金莫赎。媒体单位上下齐心，清晰而明确地认识这一点，本文主张方有可能被接受。

在新闻报道之外，记者受暴力伤害的救济途径，当然更多的还是要依靠媒体单位的主动担当。记者采访受伤，存在两重法律关系，一是工伤，是单位的无过错责任，二是加害人的过错责任。在加害人愿意负担医疗费并支付适当赔偿费用的情况下，单位可以考虑额外向记者支付一定的慰问金。在加害人无力承担或拒绝承担费用的情况下，单位应当先予支付。无论哪种情况，单位均应足额计付记者工伤期间的工资。如果媒体单位为记者购买了社会保险，可在治疗终结后向社保机构申请工伤赔付。工伤未获认定，或者工伤赔付不足以弥补损失的，由单位直接补充承担；工伤赔付超过单位垫付的，超过部分归记者所有。媒体单位也可以考虑在社保以外，再单独为记者购买意外商业保险。

在记者损失在经济层面得到及时、充分补偿的前提下，如何对外维权，记者就可以完全委托单位，相对地置身事外，重新轻装上路了。通过法律手段尤其是诉讼途径维权，是一个耗时费力的工程，如果完全当作自己的事情，往往是相当纠结的。在损失未获实际补偿的情况下，记者自然会非常看重维权效果，锱铢必较，甚至有过高的期望，比如试图通过刑事自诉来追究民事侵权人的刑事责任。此时单位的法律顾问即使出面操作，也会因为与记者的思路迥异，而不利于工作开展和事件的顺利解决。记者亲力亲为，每个环节都要自己拿主意，患得患失，也势必影响其日常正常工作。相反，单位优先部分或全部赔付后，事件基本委托给单位，记者与单位参照上述工伤赔付的处理原则作好约定，则如何维权就基本由单位、由法律顾问独立决定，有利于事件在相对理性的氛围下得以高效解决。从理论上说，记者应得赔偿总额中的治疗费用，可以是两份，一份来自工伤赔付，另一份来自加害人的赔偿。操作得当并且运气好的话（加害人能够找到并且赔偿能力充分），这是可以实现的。

当然，即使经济赔偿充分，记者仍然有理由抱怨，身体受伤害所带来的精神损害是无法用金钱来弥补的，来自单位和舆论的同情、抚慰、声援同样不可或缺。诚如所言，所谓精神损害，包括身体受伤所遭受的肉体疼痛和精神创伤，以及治疗终结后或许留有疤痕的精神打击，它的最大特点，就是损害一旦发生，即不可逆转、不可恢复——因此法律上对该损害的赔偿名曰“精神损害抚慰金”，而不是“精神损失费”。既然如此，那最好就别让这种不幸降临到自己身上来吧。

（作者系南方都市报法务监察部主任，郭旺生、钟跃东对本文亦有贡献）

媒体掌握话语权的“另类突破”
——关于“南方低碳指数”开发的实践和思考

□贾肖明 郭亦乐

近期，风靡国内外的《从绿到金》一书指出——像所有变革一样，这一新的绿色浪潮会带来前所未有的挑战，谁能更好地迎接挑战并找到解决方案，谁就将站在竞争的顶峰。在大力倡导低碳经济和实施绿色战略的时代浪潮中，媒体既有着不可推卸的责任，也迎来新的增长契机。

今年9月20日，由南方报业携手深圳证券信息公司、中山大学岭南学院打造的“巨潮·南方报业·低碳50指数”（下简称南方低碳指数，代码399378）正式在深圳证券交易所登陆。作为国内资本市场上首只低碳主题指数，南方低碳指数的发布引起了各方关注和巨大反响。

截至9月30日，在百度搜索引擎上，关于“南方低碳指数”的新闻已经达到4980篇，而相关网页更是高达240万！首批成分股中，南方航空、中国平安等企业主动发布新闻稿宣传，招商地产、白云山等更是就入选指数发布形象广告。而部分投资机构也发出了开发指数基金产品的意向。可谓“一石激起千层浪”。

指数这块“石头”是如何被选中，成为南方报业打造“绿色战略”的重要抓手？下一步又该如何用好这一“另类营销”手段，为传统媒体在品牌宣传和市场经营方面寻求突破点？

为什么做低碳指数？

“金风玉露一相逢，便胜却人间无数”。低碳这股“金风”，是如何遇到指数这滴“玉露”？

说起指数，很多媒体人感到陌生，但实际上，世界上历史最悠久的证券市场指数——道琼斯指数正是由华尔街日报在维护和运营。

在国内，传统媒体介入指数开发也有先例，主要方向有二：一是媒体和指数公司合作开发的证券市场指数，通过成分股上市公司的股价波动来间接反映某一区域经济走势或者主题行业的起伏；二是媒体和大学合作开发的统计指数，通过每年统计数据的比较，来反映区域间和行业间增长程度差异。

前者的代表是深圳报业集团同深圳证券指数公司在 2004 年 9 月 1 日推出的“深圳报业指数”和“深圳报业综指”，该指数以深圳本地上市公司作为了选股范围；后者的代表是潇湘晨报和南开大学合作开发的“长株潭指数”，反映长株潭地区的经济增长和主要行业的景气度。

在报业竞争风起云涌的大环境下，如何更好地体现媒体的话语权，凸显本报在传播领域的权威性和影响力？在长株潭指数推出之前，“珠三角指数”的操作设想也曾进入南方日报经济新闻中心的视野，并有了初步的开发思路，当时由于缺乏具体的运作模式和推出时机而暂时搁置。但指数的种子，已在南方日报生长。

2009 年底，南方日报对于珠三角各地市推动经济转型升级通过专家打分的形式予以了报道分析，获得了广东省委、省政府的肯定。有没有一种手段可以将这种评价体系予以进一步量化？经济新闻中心对推动报社开发指数产品的意愿也更为迫切，并开始寻找合适时机。

2010 年初，在经济新闻中心的年会上，部门主任助理谢思佳提出开设专门版面推动南方日报加快实施绿色战略的建议，引起了广泛共鸣。随后，经济新闻中心集全部门之力，就南方日报的绿色战略实施方案多次进行专门研讨，其中开发绿色指数体系等创新手段，同《绿》版一起成为方

南方低碳指数特刊
A13
广药集团热烈祝贺南方低碳指数今日成功挂牌

量化低碳经济 南方低碳指数先行

南方低碳指数行业分布

南方低碳指数走势

案的重要组成部分，并在南方日报的战略研讨会上提交给报社。由经济新闻中心提议的南方日报“绿色战略”就此被正式确立，指数的开发也正式进入了议程。

由于没有经验，指数开发工作起初只能是“摸着石头过河”，走“长株潭”模式还是“深报指数”模式？如何发挥媒体和指数的协同优势？项目小组会同合作方广泛收集材料进行调研，由此，中国企业家俱乐部道农研究院推出的“中国绿色公司百强评选”和第一财经日报同兴业全球基金合作的“兴业·CBN·社会责任指数”作为可借鉴的两大标的浮出了水面。

低碳经济的主要载体是企业，如何评价企业在低碳时代的积极贡献？而A股1000多家上市公司，正是中国经济的代表，在其中遴选推动低碳变革的优秀企业作为成分股，通过主题指数的方式打造绿色经济的风向标，具有极强的时代意义。同普通的绿色企业评选相比，作为在深圳证券交易所正式挂牌的低碳指数，显然其对成分股的遴选更为严格，也更有代表意义。而南方报业作为强势媒体的介入，使得指数的发布具有了更为广泛的传播平台和社会影响力，也有利于报业集团自身增强在低碳经济时代的舆论影响和话语权。同时，为了使得指数的开发具有公信力，引入权威第三方的学术机构是必要的。

经过几番磨合后，在今年4月10日，南方日报社与中山大学岭南学院共同举办了“2010绿色战略论坛”上，南方报业宣布携手深圳证券信息公司合作开发“巨潮·南方报业·低碳50指数”，并邀请中山大学岭南

学院担任学术顾问。

拿什么来衡量低碳?

在交易所挂牌的低碳主题指数，国际上有纽约—泛欧交易所推出的欧洲低碳 100 指数以及标准普尔推出的标普美国碳经济指数，而在南方低碳指数之前，国内在这一领域还是空白。

填补空白意味着可以获得先机，同时意味着没有先例可循。从宣布开发指数到挂牌，经历了 5 个月的时间，期间经历了多次争论和波折，甚至出现过半途而废的风险。

起初的争议在于如何定义“低碳”，是纯粹的节能环保、新能源行业的企业，还是也包括在推动节能减排方面有积极举措的传统企业?

项目组在经过多次讨论后达成共识：中国节能减排目标的完成，更依赖于传统行业的积极行动。所以，低碳指数成分股中应该包含那些支持低碳经济发展或以低碳经济为发展目标的上市公司，这样才能全面地反映我国低碳经济的发展现状和趋势。后续的实践也证明，当时的决策是正确的，由于样本股的选择立足于目前中国经济发展的客观实际和行业特性，因此这个指数也更能真实反映目前中国在节能减排、低碳发展领域的真实状况。

项目组还一早明确，不能被经营的目标影响到指数的编制工作，以确保指数的公信力。由于当前无法计算全部 A 股上市公司的碳排放，不能像欧美的低碳指数那样，通过计算碳足迹（碳排放和全年业务收入的比值）来比较选择低碳指数的成分股，用怎样的标准对成分股进行选择呢？特别是不同行业的公司，像青岛啤酒和招商银行，如何衡量谁比谁更低碳？如果成分股的选择不够客观和权威，指数也就失去了生命力。

为了解决这个“拦路虎”，项目组找到了“分而算之”的办法。

对于传统行业的成分股公司，项目组通过量化模型逐步进行筛选，基本方法和步骤是：首先，在巨潮 300 成分股中，排除纯低碳行业的上市公司，并剔除高耗能、高污染以及没有明显低碳路径的企业。然后，构建定量评价体系，从经济指标和低碳指标两个方向对剩余企业进行评定。最后，加总经济指标和低碳指标的得分，得到总分数。得分在 40 分以上的上市公司，成为传统行业的备选股（低碳指标中，引入了低碳战略、低碳技术研发、公益推广、社会责任披露等指标，以及考核企业是否发生过环境责任事故）。

而低碳行业公司中，则选择上一年度低碳特征的业务收入占主营收入 40% 以上的公司，或者上一年度具有低碳特征的业务收入超过 20 亿元人民币的公司进入备选股。

传统行业与低碳行业的备选股共同构成选股池后，在根据公司的市值和流通市值进行加权计算，并从高到低排序，最后选取排名在前50名的股票，构成指数的首批成分股。

在指数编制期间，也出现过不少曲折。在向深交所申请指数挂牌时，部分指数专家委员会委员认为低碳指数中不应该包括传统行业企业，导致指数发布一度面临夭折的窘境。面临危机，项目组收集了大量资料：一方面海外同类指数成分股中也包括传统企业，另一方面，巨潮指数系列已经有泰达环保指数，如果再编制一个纯低碳类别指数，是重复和浪费。最后，南方低碳指数凭借整体框架设计科学合理，计算拟合结果优异，终于拿到了挂牌上市的批文。

值得一提的是，南方低碳指数以今年6月30为基准日，计算点数为1000点，截至9月30日，指数收盘价为1236.07点，3个月上涨了23.6%，大大跑赢了上证综指和沪深300指数。南方报业传媒集团总编辑王春芙在9月20日的挂牌仪式上评价称，“这是一只有担当的指数，也是一只能赚钱的指数”。

低碳指数带来了什么？

9月20日，南方低碳指数正式在深交所发布。经过5个多月的努力，

南方低碳指数特刊 南方日报 A15

保利地产热烈祝贺南方低碳指数今日成功挂牌

低碳指数是“社会责任投资”标杆

2010年，“十一五”节能减排的收官之年。目前，当全国大半地区开始为节能减排达标而下发“限电令”时，人们开始意识到：“低碳经济”不再是一个空洞的词汇，除了象征着节能指标的具体数据。

或许在投资者的眼里，低碳经济有着更深的意义，它可以代表一项社会责任，或者众多投资机遇。当“低碳指数”开始亮相之时，投资机遇与社会责任也真正找到落脚点。

机构寄语

低碳经济：由“概念”进入“实操”阶段

低碳投资推动经济转型

高端访谈

中国社科院城市发展与环境研究所所长潘家华

新兴产业帮扶政策应具“持续性”

低碳指数终于华丽登场了。

从目前的情况来看，南方低碳指数的影响力已经开始发酵。

资本市场有着点石成金的魔力，作为国内证券市场上首只低碳主题指数，南方低碳指数通过资本市场为推动低碳经济的发展起着风向标的作用。正如深交所给与南方低碳指数的评价：第一，指数反映着涉及低碳经济的上市公司的低碳经济价值；第二，指数反映着企业在低碳领域的社会价值和社会责任；第三，指数反映出国家的战略价值，并引导企业制定适合的产业的发展战略，同时也有利于引导政府部门通过资本市场的评价判断结果更科学、更客观地把握全球产业的发展趋势和低碳经济发展的方向。

作为中国最有影响力的媒体集团之一，在南方报业倾力打造下，借助媒体的力量南方低碳指数的传播力也是惊人的。截至 9 月 30 日，在百度搜索引擎上，关于“南方低碳指数”的新闻已经达到 4980 篇，而相关网页更是高达 240 万！这对于南方报业的品牌传播和塑造“绿色媒体”的形象发挥了非常积极的作用。

实际上，指数在编制的过程当中，就已经引起了社会的关注，不少权威机构致电项目组，希望了解指数编制的一些细节。

南方低碳指数的核心是 50 家成分股。从指数发布前后来看，不少践行绿色战略的成分股企业非常看重入选指数，不仅派出公司高管出席指数挂牌仪式，而且将入选低碳指数作为公司品牌形象的重要突破进行传播。而这种传播对于南方报业品牌影响来说，又属于二次传播。

从市场经营的角度来说，围绕着绿色论坛、《绿》版和南方低碳指数，南方日报的“绿媒体”形象呼之欲出，不少企业在“绿色广告”的投放中也倾向于选择南方日报，形成了新的利润增长点。实际上，通过指数挂牌仪式特刊的招商，广告收入已经远远超过了指数挂牌所产生的相关费用，一些相关的投放也在陆续增加中。

怎样让低碳指数成为未来新增长点？

当然，对南方低碳指数而言，挂牌仪式只是一个开始。就像一个刚刚登上舞台的新演员，要给她更多的机会，才能让她发出更加夺目的光彩。

第一，要保持外界对于南方低碳指数的关注度，只有这样，指数才有吸引力，在进一步的开发当中，才有更大的社会影响和市场价值。南方日报已经在南方财富版醒目位置开辟空间，反映南方低碳指数运行动态，同时计划利用《绿》版和财经版，对于指数变动和成分股在低碳领域的重大事件予以报道。而作为南方报业传媒集团的绿色品牌，集团旗下的子媒对于指数的推广和传播也是必要和迫切的。

第二，丰富绿色指数体系内涵。目前的南方低碳指数属于“深报指数”模式下的证券市场指数，主要影响力在于证券市场和上市公司；而针对政界和行业的“长株潭指数”模式同样可以借鉴。目前，不少地市和县镇也在争取“绿色标识”，合理选取统计数据，针对行政区划以量化工具的手段，再打造一个“广东绿色指数”来进行比较和排序是具有现实意义的，也可以充分发挥南方日报的党报优势。

此外，除了指数成分股，可考虑举行针对更广泛企业的“中国绿色先锋企业”权威评选。

第三，借助指数造势。入选南方低碳指数，对企业而言是荣誉和宣传的手段，对报社而言，也有必要利用指数，将绿色媒体的概念深入到这部分企业的整体传播规划当中。

在时机成熟时，整合南方低碳指数成分股以及绿色先锋企业，成立“绿色企业俱乐部”，通过专家讲座、政府说法等活动满足企业对绿色资讯的需求，同时整合南方报业整体资源，对有需求的企业进行绿色形象的整体打造。

从“长株潭指数”的经验来看，每年的指数发布仪式和报社的 VIP 活动结合在一起，相互呼应。对于南方低碳指数来说，可以选择年初或者年中的指数更新时机，同绿色战略论坛结合，做大宣传。

一个理想的模式是，每年年中举办一次大型的绿色论坛、在论坛召开前启动以低碳为主题的企业和城市评选活动，在绿色战略论坛上，同时宣布最新的低碳指数成分股、公布广东绿色低碳指数和低碳企业评选结果、发布《广东绿色经济发展白皮书》。围绕指数的发布，几项工作形成合力，充分发挥南方报业“绿媒体”的号召力和传播效果。

第四、适时开发低碳指数基金。对于一只主题指数而言，开发成指数基金产品，将获得明显的传播效果和有效的生命力。在低碳指数的开发过程中，项目组已经兼顾了指数本身的成长性，为未来挂钩基金产品做好了铺垫。深交所相关负责人也明确表示，未来将引导基金公司在投资过程中关注企业的社会责任和低碳责任。下一步，项目组将密切同基金公司联系，积极寻找开发成指数基金的契机。

从低碳指数开发看南方报业传播产业链的拓展

利用成分股的遴选，南方报业成功团结了一大批低碳时代的优秀企业，展现媒体领袖的风范和向心力，也展现了一家负责任的媒体的价值追求和主动作为，是南方报业因应当前国际国内传媒环境变化，完善传播链条的重要落子。

从未来的发展趋势来看，南方报业作为国内一流的传媒集团，在当前新闻信息传播手段不断更新、传播渠道日益多元的大背景下，也非常需要将自身的信息制造优势不断转化为话语制高点优势，将信息传播的链条不断拓展。

从低碳指数的推出及其上下游产品的开发过程中，我们可以看到，南方报业有条件也有能力通过确立标准快速契入很多新兴产业。除低碳指数外，下一步，随着南方报业全媒体战略的全面实施，南方报业在打造优秀传播品牌项目、推进文化创意产品、设立咨询智囊机构以及提供行业发展调研信息服务等过程中，仍有很大的开发提升空间。

（作者单位：南方日报）

巨潮·南方报业·低碳50指数成分股

代码	上市公司	代码	上市公司	代码	上市公司
000002	万 科A	002202	金风科技	600416	湘电股份
000009	中国宝安	600006	东风汽车	600519	贵州茅台
000024	招商地产	600018	上港集团	600583	海油工程
000063	中兴通讯	600029	南方航空	600590	泰豪科技
000100	TCL 集团	600031	三一重工	600600	青岛啤酒
000157	中联重科	600036	招商银行	600649	城投控股
000402	金 融 街	600048	保利地产	600690	青岛海尔
000522	白云山A	600050	中国联通	600874	创业环保
000527	美的电器	600060	海信电器	600875	东方电气
000651	格力电器	600100	同方股份	600900	长江电力
000690	宝新能源	600104	上海汽车	601111	中国国航
000729	燕京啤酒	600111	包钢稀土	601166	兴业银行
000800	一汽轿车	600151	航天机电	601318	中国平安
000858	五 粮 液	600196	复星医药	601398	工商银行
000930	丰原生化	600236	桂冠电力	601727	上海电气
000939	凯迪电力	600309	烟台万华	601988	中国银行
002024	苏宁电器	600388	龙净环保		

“通过检证报道来检证昭和历史”
——日本媒体的自我检证性报道

□西茹

西茹

“检证”在中国也称不上是个完全陌生的词汇。2007年新华出版社推出一本约35万字的译著《检证战争责任》，在大陆受到好评。该书围绕日本战争责任问题对从“九·一八”到日本战败全过程进行了调查检证。其实，这本书就是由一个连载性检证报道集结而成的，曾在日本《读卖新闻》上连载一年。

检证性报道一般是指对已存在的事物或已发生的事件，包括当时对其所做的报道，通过重新调查采访以弄清事实真相的新闻实践。检证性报道通常有两大目标：一是进一步弄清事实关系本身，另一个是审视和反省当时报道中存在的问题。2010年9月10日，大阪地方法院对“滥用残疾人团体专用邮费优惠制度伪造厚生劳动省公文一案”宣布被指控伪造并使用公文的前厚生劳动省局长村木厚子无罪。次日起《朝日新闻》、《读卖新闻》、《每日新闻》及《北海道新闻》等日本知名的全国性大报和地域性报纸便陆续推出对此案报道的检证性报道，反思此案报道过程并反省报道中存在的问题。

从媒体研究的角度讲，对报道进行检证（考察、分析）是常用的方法，而这里要介绍的报道检证不是媒体之外的学者或机构所作的，而是媒体自身对自己做过的报道的重新审视、反省或批判，并且将检证的结果进行公开登载和读者见面，所以笔者将其称为“自我检证性报道”。

自我检证性报道虽然尚不能像“调查性报道”那样在新闻学教科书中找到专章或专节的介绍，甚至还没有明确的定义和定评。不过，作为一种报道实践和探索已成为日本媒体不可忽视的内容。

这篇文章就从“自我检证性报道”的实例介绍开始，然后简要考察自我检证性报道的特征并探讨进行检证性报道的必要性和意义所在。

“正视历史，彻底检证报纸的责任”

1945年日本战败，《朝日新闻》于当年11月7日刊登过一篇通告，称报纸在从开战到战中“没有发挥真实报道、严正批判的作用，没有发挥出打破媒体管制的力量，直至战败，使国民在对事态进展毫无所知的情况下陷入了困窘之境。为此不能不对天下百姓谢罪。”

自我检证性报道的内容涉及到报道的方方面面，政治、经济、文化等社会事件的报道，都在再反省、再审视、再验证的视野中。从检证问题的焦点看，检证报道多关注报道内容是否正确、价值判断是否适当、对尊重人权问题考虑得是否充分、采访中的态度和方法是否妥当、文章的表现是

否贴切等等，注重对报道责任的反省。文章形式有一事一评的单篇，也有大型连载。

下面以战争报道检证作以介绍。

《朝日新闻》对媒体战争责任做过多次检证性报道。

1995 年，日本迎来战后 50 年，《朝日新闻》推出了以《战后五十年媒体的检证》(1995 年 2 月 4 日至 7 月 15 日) 为题的连载报道。这个连载共 23 篇，其题包括“战争责任”、“审查与报道管制”等对战中媒体责任进行检讨的内容。

2006 年，时任朝日新闻总编辑外冈秀俊提出“应该正视历史，彻底检证报纸的责任”的建议。同年 10 月朝日新闻社组建了一个名为“报纸与战争”的采访班。2007 年 4 月 2 日开始在《朝日新闻》晚报版开始了长达一年的《报纸与战争》的连载。此连载于 2008 年 6 月成书由朝日新闻出版社出版发行。单行本的后记开篇这样写到：“为什么报纸没能阻止战争，反而深陷配合战争的境地。应该正视过去的负面的历史，彻底对其进行检证。”之所以推出这样的大型检证，来自社外指责报纸对战争责任的检证不够彻底的严厉批判不能不说是一个重要的原因。外冈秀俊坦诚地说“查阅了一下战时报道和之后的检证工作不禁感到愕然。虽然战争已过去 60 年了，朝日对自身为战争助力、将国民带入战争的经过没有做过总结性的检证。虽然有过一些事例报告，但也都是零散的，对自身责任的追究还是很有局限的。”(《报纸与战争》序) 笔者在此列出这个连载的 24 个主题的题目，由此可窥见此次检证的全面性。

1. 各自的8•15;2. 在殖民地朝鲜；3. 飞机的故事；4. 宣传活动过热化；5. 摄影记者的话；6. 战地记者们；7. 号召妇女；8. 社论的转向；9. 开拓满洲；10. 挺进南方；11. 表现者们；12. 新闻电影；13. 发行前线；14. 政经记者们；15. 南京；16. 卫国第 4476 工厂；17. 地方报；18. 绪方竹虎之路；19. 从孩童到年少国民；20. 在纳粹德国；21. 战时管制；22. 销毁照片；23. 战后再起；24. 特集篇。

就在这个系列报道的单行本付梓之际，《朝日新闻》又开始策划《检证・昭和报道》的大型连载。检证昭和时代的历史，当然不可能忽略昭和战争。在这个系列中又一次将检证战争中媒体责任作为一个重大主题。

1945 年日本战败，《朝日新闻》于当年 11 月 7 日刊登过一篇通告，称报纸在从开战到战中“没有发挥真实报道、严正批判的作用，没有发挥出打破媒体管制的力量，直至战败，使国民在对事态进展毫无所知的情况下陷入了困窘之境。为此不能不对天下百姓谢罪。”《朝日新闻》主笔船桥洋一说“真实报道”、“严正批判”也是今天所面临的紧迫课题。所以“对朝日新闻的报面进行再次检证，对当时的报道背景做再度采访，通过这样的重构来完成对作为经得住历史审判的时代证言人的新闻报道，以及它所反映的时代的检证。”(『新聞と「昭和」』まえがきにかえて)

此外，环境问题报道也是日本媒体检证的重要目标。众所周知，日本在20世纪60-70年代，由环境公害造成的疾病成为当时重大的社会问题。其中,尤以水俣病的报道备受检证。对水俣病问题跟踪了30多年的《熊本日日新闻》的论说委员长高峰武(现57岁)说:“说到底就是有没有长期持续关心这个问题的记者的问题。不论是全国性大报,还是当地的报纸,在这一点上是一样的”。

无论是水俣病，还是其他环境问题，比如石棉受害问题，日本媒体通过检验自己曾做的报道不得不承认，他们不仅有过误报、误导问题，而且对有些问题还曾有短至数年长达20余年的失语。因此《西日本新闻》报的记者在反省水俣病报道时就自问“水俣病的问题不仅仅是行政或政治的问题，我们大众媒体本身对‘未予解决的半世纪’就没有责任吗？”(『西日本新聞』朝刊2006年10月18日)。

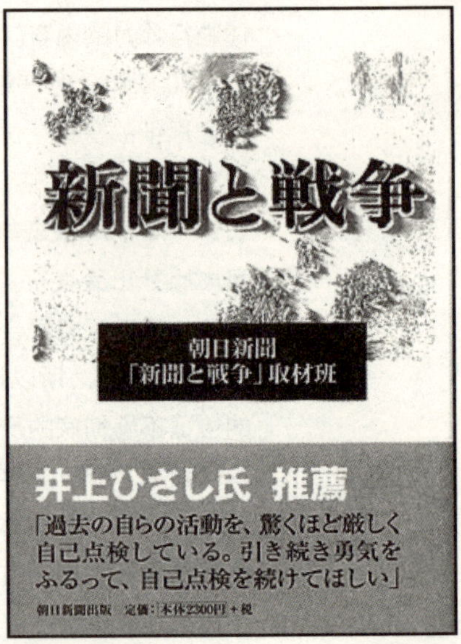

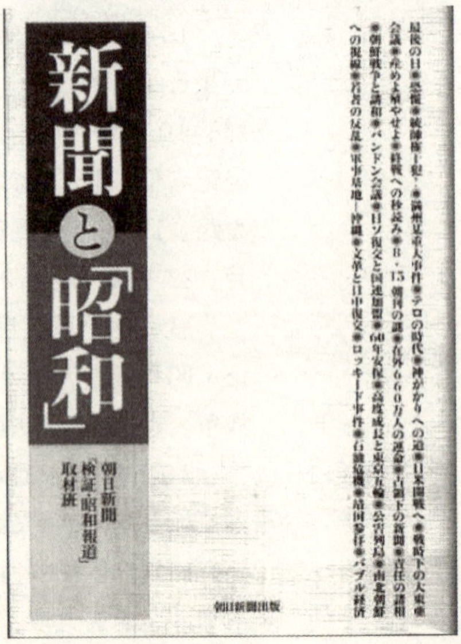

“检证没有禁区”

最难之处莫过于公开批评“自己人”，对同僚的报道进行指正。正在进行中的报道或刚刚结束的报道自不必说，即使是已成为历史的报道，如战争报道，只要当事者及其家人们还健在，批评就是困难的。

大型策划检证连载报道相当于报社的专项报道工程，从采编的角度可以概括出以下几个特点：由特别报道组承担、做充分而完善的采访准备、持续时间较长、坚持追究事实真相的客观报道立场。

《朝日新闻》的《战后五十年 媒体的检证》报道，刊发时间是1995年2月4日至7月15日，每周六与读者见面。当时在朝日新闻社任调查研究室主任的柴田铁治说：1994年初夏，朝日新闻社开始着手策划“战后50年”报道。当时有人提议是不是应该对包括《朝日新闻》在内的大众媒体进行“战后50年”的检证。由此诞生了这个连载计划。“采访组”是由编辑局、论说委员室、调查研究室选出的记者组成的。他们拟定推出23选题，每周一篇同时刊载在朝日新闻四家本社（东京、大阪、名古屋和西部）编辑出版的报纸上。有评论说这组系列报道大胆地挖出了隐藏在日本现代史阴影中的种种事实，特别是对当时的一些有影响的报道和社论出台的背景进行了大胆的挖掘。

而始于2007年4月2日检证连载《报纸与战争》则起步于头一年的10月。根据当时的总编辑外冈秀俊建议，报社组织了一个名为“报纸与战争”的采访组。这个采访组由一名编辑委员和一名编辑主任领衔，在朝日四家本社公开招聘愿意加盟的记者，形成一个具有6、7个核心成员及其他机动记者加入的大型采访阵容。

在连载结束后出版的单行本的前言中外冈秀俊用“最初的”和“最后的”来概括他们所作尝试的特殊意义。“最初的”是指对早已远离战争的进行检证报道的记者们来说，各种各样的战争经历已不再是活生生的现实而完全成了历史领域。“最后的”意味着当年从事报道的“当事者一个接一个离去，战争经历濒临被忘却的深渊的边缘”。

然而，这种报纸自我审视自己战争责任的报道做起来难度是很大的。最难之处莫过于公开批评“自己人”，对同僚的报道进行指正。正在进行中的报道或刚刚结束的报道自不必说，即使是已成为历史的报道，如战争报道，只要当事者及其家人们还健在，批评就是困难的。记者在对同一报社出身的老前辈进行采访时常常胆怯。为了排除种种感情因素的影响，采访组要求记者以打破禁忌并设身处地为采写原则。

打破禁忌是要求记者彻底贯彻讲事实，摆证据，客观描写的原则。采访组提出“检证没有禁区”，“没有严厉自我剖析的检证，检证就是徒有虚名”。要求记者深入到战争期间的报社经营阵、深入到记者与军部（政府）之间的关系及战后美军与朝日新闻社干部的关系等重要环节上进行调查。

设身处地是要求记者在采访和写作时，要考虑到“如果是我在那种情境下会怎样？”检证报道不是为了揭发前辈，给过去定罪。而是通过思考如果现在发生了同样的事情，记者个人会怎样选择？通过将记者个人与报社主张和社会大环境综合在一起来触摸记者们内在的矛盾与苦恼。检证报道是为了在过去中寻找教训。

不仅是《朝日新闻》的“报纸与战争”系列报道坚持这样的原则，《熊本日日新闻》在《检证•麻风病史》的报道也表现出同样的倾向。这个报道获得了2003年度的日本新闻协会奖。报道部次长兼论说委员丸野真司在谈获奖的一篇文章中说：对“我们站在什么立场上回顾这90年”我们取得的共同认识将基于资料的事实和原患者及相关人员的证词做如实的传达。“在采访和执笔中，停止用现在的价值观与过去做一刀两断式的抛弃。”“想写出可读性强的文章的念头是有的，但是要尽量控制这样的想法心平气和地写作。不过这是一件很难的事。如果说这一点贯彻到了什么程度的话，可能会留下一些遗憾，不过这种自我约束基本上成为采访组的原则。”(『新聞研究』2003年第10号)

持续一年的《检证・昭和报道》其准备阶段整整历经一年。采访组负责人金光尚称这次报道是一次充满奢望和野心的尝试。采访组由文化、社会、国际（外交）等部门的富有经验的记者及数名在社内招聘

2005年，为反省日本战争责任，日本读卖新闻社在社内成立了由该社编辑、记者组成的战争责任检证委员会，围绕“日本侵略中国东北的‘九一八事变’为何发展到了中日战争”“日本为何根本没有取胜把握却敢与美国开战”等五个主题，用一年多时间进行调查检证。《读卖新闻》将这次调查结果在该报上连载了一年，并总结成书，陆续出版了日文版和英文版。

《检证战争责任》中文版约35万字，对从“九一八事变”到日本战败全过程进行了回顾和反省。全书共分为三部：第一部为背景分析，从日本当时社会的各个方面，如天皇、内阁、议会、军部、媒体等，讨论了战争的发生、发展过程；第二部为事实检证，对从1928年的“皇姑屯事件”到1945年日本战败投降的全过程，进行了叙述和分析；第三部对不同层面的相关责任者应承担的战争责任进行了具体分析。

《读卖新闻》总主笔渡边恒雄在该书中文版序言中指出，出版这本书的动机是来自这样一种信念：日本对这场战争的非人道性以及责任的所在必须研究明白，只有本着日本人民自身的良心、获得正确的历史认知，才有可能与受害国家进行直率友好的对话。他强调：“为了建立与亚洲、太平洋地区各国未来的友好关系及和平环境，检证战争责任势在必行。”

的年轻记者组成，包括6名编辑委员在内共20人。它在社内被称为梦幻队。而且他们当中的一部分人参加过口碑颇好的《报纸与战争》的系列报道。在以往做过的检证报道的基础上，这组检证系列为了突出《朝日新闻》的特色，将报道重心完全放在对报道的检证上。金光尚将此称之为是“通过检证报道来检证昭和历史”。他们的做法是首先就《朝日新闻》报是如何报道的向读者做恰如其分的介绍。比如，最初都报道了什么？版面是如何处理的？社论是怎样评价的？与事件发生后的历史事实进行对照，报道的角度或者报道的预测是否适当？为了搞清楚这些，报道组的记者必须阅读大量的当年的报道，有时候要读几十年的报道。但是这并不是最难的。为什么、经历了怎样的过程产生了当初那样的报道？要弄清这个问题并不容易。特别是有关战前部分。当事人大多故去，记者们只好走访他们的家属和友人，寻找当年的手稿和记录资料。另外这个系列报道从准备阶段开始就聘请了三位历史学者实际参与。准备期一个月举办两次学习会。而连载一开始就将记者完成的稿子与厚厚的资料一起送到学者那里过目。接受学者们严厉而尖锐点评，记者们进行修改是常有的事。

当然，检证性报道也不仅限于大型策划连载性报道。《朝日新闻》于1991年6月推出一个“媒体专栏”。这个栏目获得了1992年度的“日本新闻协会奖”。获奖评语称“媒体专栏”开创了前所未有的将媒体本身作为一种社会现象进行报道的新手法，由此拓宽了新闻报道的范围。受《朝日新闻》的影响，类似的常设栏目也陆续在其他报纸上出现。这种栏目就是检证报道专栏，由专人负责，定期见报，对报道中的问题和现象进行检证或进行讨论。

“报道负着永远持续的检证的宿命”

更多的讨论内容、对媒体的批评或批判，以及信息处理方面的自我规制的标准和理由都是限定在媒体内部的，不能与广大读者和受众见面。媒体与读者的沟通不充分的问题仍然没有得到很好的解决，甚至“不公开”的检证制度还可能被视为暗箱操作，对恢复读者和视听者对媒体的信赖难以发挥有力的作用。这就催生出了新的大胆实践，即公开于版面的自我检证性报道。

据笔者不完全统计，1990年代以来，在获日本新闻协会奖“编辑部门”大奖的报道中，检证性报道有如下几项：

1995年度 《检证广岛1945-1995》(中国新闻社)

1998年度 《检证·老人日间护理》(琉球新报社)

2002年度 《系列检证·C型肝炎》(富士电视)

2003年度 《检证·麻风病史》(熊本日日新闻社)

2006年度 《检证 水俣病50年》(西日本新闻社)

那么，为什么要进行自我检证性报道？简单地说可以从媒体所面临问题的宏观和报道自身特征的微观两个方面来考虑。

在20世纪80年代，由于媒体报道中不断出现误报、虚假报道和侵犯人权等现象，使读者和视听众对媒体的批判日益高涨。在这种背景下，媒体为了恢复和提高自身的公信力，在确保采访和报道内容公正、正确、不失品位及尊重人权等方面，提高职业伦理成为当务之急。

在制度方面，媒体开始引进和建立或强化一些自我管理机制。比如，在信息选择方面加强自我限制。新闻协会从尊重人权的角度对少年犯罪报道、诱拐报道、事件受害者和相关者的报道、歧视性表现、性表现等提出准则，并制定了报道协定和匿名报道的方针。此外报纸自身还设置了“读者意见和投诉处理机构”、由第三者组成的“纸面审议会”、社内“纸面审查机构”等等。

虽然确立了上述制度，然而对读者和视听者而言，上述制度有一个共同点，即封闭性。也就是说除了个别订正，或“纸

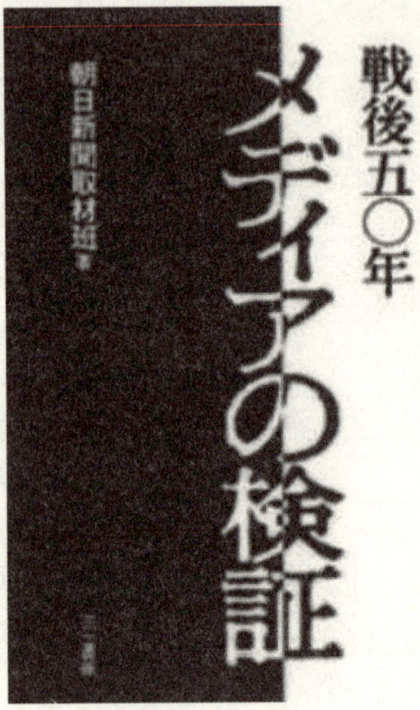

面审议会”的部分审议情况能够见报外，更多的讨论内容、对媒体的批评或批判，以及信息处理方面的自我规制的标准和理由都是限定在媒体内部的，不能与广大读者和受众见面。媒体与读者的沟通不充分的问题仍然没有得到很好的解决，甚至“不公开”的检证制度还可能被视为暗箱操作，对恢复读者和视听者对媒体的信赖难以发挥有力的作用。

这就催生出了新的大胆实践，即公开于版面的自我检证性报道。对媒体自身存在的问题以更公开透明的方式，进行再确认、再检验。通过对自身报道的反省与广大读者进行更广泛的信息交换和意见交流，并增进相互理解和信任。

不仅是报道界出现的共性问题提出了媒体进行自我检证报道的必要性。报道活动本身存在的局限性也意味着检证性报道是必要的。

尽管我们说报道必须遵循真实、准确、公正、客观的原则，但是，受时间、版面大小、对事态发展掌握的程度等条件的限制，可以说写出完美无瑕的报道只是一种奢望。客观地说，报道本身会出错的，即使说不上是错，但是可能不够准确。因为报道有截稿时间，在截稿时间内必须交出采访稿。就此，原朝日新闻调查研究室主任柴田铁治在单行本《战后五十年媒体的检证》一书的后记中写道：“今天警察公布的逮捕的嫌疑人是不是真的犯人，如果要等到完全弄清楚新闻稿就无法发了。如果过后知道了嫌疑人并不是真犯人，那是就再如实报道。正是因为确信可以这样报道，今天的新闻稿才写得出来。”所以记者每天都能写出报道，是因为有检证性报道机制的保障，即出了错可以马上修正的保障。这也意味着每一篇新闻稿都有检证的必要。柴田铁治说“要经常考虑昨天写的报道是否准确，有没有需要修改的地方，添加的地方。这样的问题今天要考虑，明天也同样要考虑。如果是大的事件，要以连续报道的形式，这就是日常的报道工作。事件告一段落后，一系列的报道是否准备，有必要进行整体性的检证”。

用柴田铁治的说法，“称报道负着需要接连不断永远持续下去的检证的宿命也不过分”。和其他事业不一样，“检证对报道来说不是相对重要，而是从本质上来说就是不可缺少的可谓是本性的东西。”柴田铁治虽然如此强调检证时时刻刻都是必要的，不过他也坦率地承认，由于“疲于处理眼前不断发生的新闻，不知不觉中疏于对过去进行检证是不可否认的。”

在网络迅速普及、新媒体急速发展的今天，报纸面临着极其严峻的现实。报纸如何求得生存空间成为全球性问题。此时重新思考读者对报纸的要求或许能获得重要的启示。报纸的竞争优势显然不会在信息传达的速度上，而是要靠对信息的分析力和判断力来显示其实力。所以，提供可信度高的信息和高质量的版面，增强报纸的公信力就成为更需重视的课题。而检证性报道在履行媒体说明责任、促进与读者交流、重构媒体公信力方面具有建设性意义。

（作者系日本北海道大学传媒研究院副教授）

主要参考文献

松浦ゆかり「新聞の自己検証報道の意義」『北大法学研究科ジュニア・リサーチ・ジャーナル』No.2 1995

朝日新聞取材班『戦後五〇年メディアの検証』三一書房 1996年

読売新聞戦争責任検証委員会『検証　戦争責任』（Ⅰ・Ⅱ）中央公論新社　2006年

朝日新聞「新聞と戦争」取材班『新聞と戦争』朝日新聞出版　2008年

朝日新聞「検証・昭和報道」取材班『新聞と「昭和」』朝日新聞出版　2010年

公民的三俗权与媒体的恶俗病

□何三畏

何三畏

这是微博上的消息："一中学教师几年前去泰国旅游时与人妖合影的不雅照，某报一记者获知线索后做了采访坚持要见报。"一位媒体领导问："这样的新闻，报不报道？底线在哪？是否会挟道德之名对某一并非名人的个体造成伤害？"微博上的回复，代表性的意见当然是不应该报，"记者和媒体应该跟掌握公权力的人和机构死磕，不该跟无权无势者较劲。"不过，我以为博主提出这个问题，只是想普及一点新闻伦理常识，博主心里其实是明白的。所以，我就这么跟了一条："应该报，因为中学老师不属于省部级以上，没有隐私权和三俗权。"

这是一个正经的玩笑。沿着这个方向，甚至可以定义一下中国媒体的品质。这里的"三俗权"是我发明的。就是"低俗，庸俗和媚俗的权利"。当然，你可能不愿意使用这一权利，你更愿意追求高尚，但这还是你的权利。可是，中国媒体却把人分成了两种，一种是有三俗权和隐私权的，一种是没有三俗权和隐私权的。前者是官员，够级别的官员，后者是普通民众。由于媒体的这种特性，中国官员的形象超凡入圣，没有绯闻没有丑闻，而百姓基本上是三俗的，至少是可笑的，弄得百姓一般也厌恶或畏惧媒体。

这当然是把是非搞反了。从来，道德资源都在民间，而不是官方。子云，礼失，求诸野。官方从来是需要向民间学习的。官方要想长治久安，也不需要天天骂老百姓不道德。但官员在干三俗，却往往直到官员被体制排除以后，才见诸媒体，这时，同样是这些媒体会报出官员原来“三俗能力”超强，媒体描写他们相当不堪，怎么肮脏怎么写，甚至达到了超级人渣的程度。当然，媒体不需要为前后倨恭不一的态度稍感不好意思，这是因为媒体不认为自己是一个独立的人格主体。

可是，一个国家是不能官民一起奔三俗的，官员三俗了，民众就只好高尚着。如果民众也想三俗（需要说明的是，其实民众只能两俗，三俗中的媚俗，只能是官员的爱好和特长，身为俗众，无俗可媚），媒体对你就不会客气了。一个中学教师的“不雅照”落到绝大部分的中国媒体手上，他就死定了。有著名艳照门的例子为证。“艳照门”到了大陆媒体，基本上是一片喝倒彩的声音，正经发社论探讨互联网时代的隐私保护、相关的法律问题，以及媒体自己的责任的，大陆之大，亦屈指可数。市民报固是如此，一向正经的传统媒体，则只是谴责资本主义文化的庸俗和腐朽，仿佛很为这样的同类不好意思，似乎想不到其实这是媒体的腐朽和恶俗。

无能的媒体必定无聊，最后只能拿市民的痛苦和隐私来娱乐，同时挖空心思掩护和保护官员的三俗。这在事实上沦为了媒体的两大功能。后者更是一个绝对的概念。你就找不出一个媒体有报道在位官员的三俗丑闻的。如果是一位官员，不要说跟人妖来个“不雅照”，就是他本人变成人妖，大部分媒体的新闻决策人，也本能地知道报还是不报的——当然是不报啦！所以，本文也就用不着

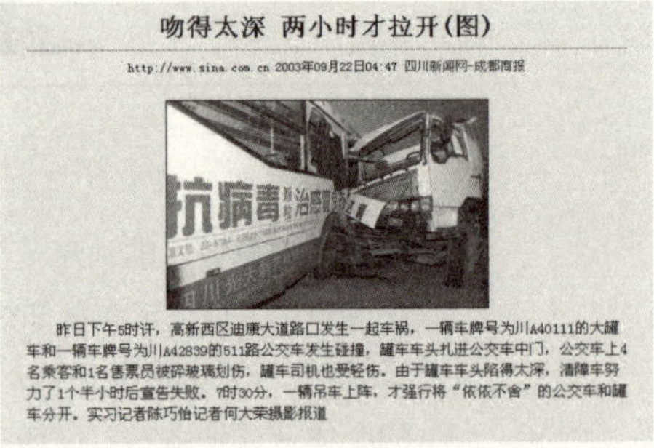

吻得太深 两小时才拉开(图)

http://www.sina.com.cn 2003年09月22日04:47 四川新闻网-成都商报

昨日下午5时许，高新西区迪康大道路口发生一起车祸，一辆车牌号为川A40111的大罐车和一辆车牌号为川A42839的511路公交车发生碰撞，罐车车头扎进公交车中门，公交车上4名乘客和1名售票员被碎玻璃划伤，罐车司机也受轻伤。由于罐车车头陷得太深，清障车努力了1个半小时后宣告失败。7时30分，一辆吊车上阵，才强行将“依依不舍”的公交车和罐车分开。实习记者陈巧怡记者何大荣摄影报道

中山村官花公款
游览泰国戏人妖

本报讯 [illegible]月[illegible]日，一名广东网民在博客中以《中山市港口镇胜隆村公款出游参加色情活动》为题，曝出该村村干部在泰国旅游时，与褪下上衣的人妖合拍亲昵照片，媒体证实，该照片确系该村7月组织的一次公费出国旅游时拍摄，参与出游的村治保主任梁锡泉表示，人妖其实是男人，摸胸部没什么。

博客文章只有短短一句话，但配发的2张照片均为男子从后抱住“女子”的胸部，2名“女子”的上衣都已扯到腰间的位置。当地村民一眼就认出了照片中的男主角是该村治保主任。该村一般每年都会组织几次干部旅游，今年7月去了泰国。

港口镇胜隆社区负责人证实，此次旅游是该社区组织的一次公费旅游，是“上面”拨款的。该人士称，在泰国，人妖可以脱下衣服，给人摸胸，旅游团很多中国游客都玩了，“回来之前，要求他们把这类照片删掉，但据说有个小组长是借别人的相机，所以里面的内容没有删掉，没想到被人发到了网上。”

该村治保主任表示，这样玩在泰国也是一种公开的活动，因为对方是人妖，也是男人，所以感觉没什么大不了的。不过这个照片在网上公开的话，还是不太好。

一名驻该村的干部称，根据国家相关规定，公费旅游是严厉禁止的，更不要说参与这种带有色情性质的活动，“我一定会向组织反映。”

（南方）

举例了，反例都找不到，那么，所有媒体的习惯表现，都是我的论据了。

不过，具体地方的具体官员，当各有癖好，从而使媒体在塑造官员超凡入圣形象时，操作上可能略有所差异。有媒体人士交流说，某一位官员不喜欢媒体拍摄他走动的形象，不喜欢镜头对着他右侧面部，他还害怕闪光灯，所以也不能正面拍摄，媒体选他的照片，他不放心，要求事先送他审过，如此通通都成了当地媒体的注意事项和记者的禁忌，成为媒体掩护他的三俗生活的额外负担。此公某一天突然觉得当地报纸的字体太小了，这当然纯属错觉，因为到处的5号字都是一样大小的，但报纸还是当机立断，把字体调大了半号。

媒体在对权势的服从和敬畏之后，便别无所畏，养成了对公众粗鲁和放肆的习惯。为了写这篇稿子，我搜索了我居住的城市的电视专题节目。以电视为例，我感觉电视的声光效果，更方便拿公众的隐私和痛苦来取乐。我发现，每一个闭路电视频道，都有一两个专题栏目，内容包括奸情故事，悲情故事，总之，多是犯罪故事——老百姓犯罪。叙述的方式是设置悬念，层层递进，如电影。语言是煽动，吆喝式的，如评书。它们一般是30分钟长度，足够渲染一个事件。一般一家电视台，一个月可以播发 4 个这样的专题，比较“经典”的，隔一段时间还会重复播。一个省会城市一般有 8 到 10 个这样的电视台。其中某些台，除了播播这样的故事，就是再卖卖药。这样下来，一个城市的市民，一个月至少可以消费十几个这样的故事了。

现在举一个比“中学教师跟人妖合影”更缺德的例子。一家电视台播发的一个少年犯罪的专题新闻。某县城一位初中女生“因为心情不好”，找来几位男生，殴打、侮辱、强奸了另一名女生。过程被当事犯罪少年拍成了手机视频。受害的女生初一，13 岁，施暴的男女同学，从 14 到 15 岁，全16岁以下。这也是30分钟节目。主持人的串词和语气猎奇、兴奋、“惊诧”。一再提示观众，“更 XX 的内容还在后头”！报道用犯罪过程的惊悚画面（特别是当事人手机拍摄的场景）反复穿插。这一技法人们在一些重大事件的连续报道中曾经领略，例如，地震后领导来到现场指挥抢救的画面，是要在整个连续报道中反复穿插的。但那意图，是表示领导高度重视和非常亲民。

报道全面暴露了当事人的身份信息。包括受害人在内的几个孩子及家长，都出镜了。其中个别人的眼睛部位有一块马赛克，但不足以起到屏蔽作用，声音也未作处理。稍有常识的人都知道，这类案件在法庭上是不公开审理的。但是，法庭还没有开庭，电视台如此全面地报道当事人的犯罪过程和全部隐私。难道媒体考虑不到这是违背道德的，甚至是违法的？难道媒体考虑不到，这样报道对这些孩子和他们的家庭意味着什么，并且这些视频将永远留存网络，永远追随着他们，后果又是什么？可是，媒体不考虑这些，公众也无法抗议。

但假如事件的主角不是这些没有话语权的孩子，而是社会名流，情况会怎么样？媒体大体是不会报道的。除非事件的主角是香港或台湾的名流，大陆的媒体会使劲报。或者这些孩子的家长不是民工，而是官员，报不报？也不会报了。不需要多大的官员，只需要是当地县官的孩子，媒体也会犹豫。即便想报，当地公安部门也不会配合的。这岂非说明官方和媒体的一致观念是，媒体是可以伤害基层民众的，对最小最弱势的平民孩子，更是可以无所顾忌？

流弊所及，我们的媒体在某些灾难性报道中，也难免莫名的兴奋和轻佻。例如，车祸报道，两车相撞，叫“相吻”，剧烈相撞，叫“吻得太深”，发生伤亡，叫“报销”或“除脱”。这表明媒体没有敬畏心，包括对待生命在内。然而，这只是对别人生命。因为，遇到官员的亲属，或者媒体同业者发生了车祸，媒体就会本能地选择不报道！这又是为什么，难道媒体明明知道自己的报道是在轻薄他人的生命而又故意为之？那么，为什么不使用庄重、悲悯、体恤和人性的语言，去报道悲剧性的事件？

这真是一些令人泄气的问题。那么，在对平民“正面报道”会怎样？媒体失去人本立场，连笑都比哭还难看。当它要表扬人，要树立一个道德榜样，要说你感动中国，听上去也会别扭得不行。你要不就是不管亲人死活，要不就是不顾个人健康。这是若干年来的传统了。当然，具体的词语可能会与时俱进，但至今还是这个样。但按民间的传统道德，总的来说这等于骂人。这是一种让人更无可奈何的恶俗。不过也是老僧常谈了，不说也罢。

总之，把媒体对官员和民众的双重标准对照一下，媒体的德性就不止三俗了，还要加上一俗，即恶俗。除此而外，中国媒体基本不能真实而真情地表达。

（作者系南方人物周刊主笔）

微博七日谭
——网络围观宜黄拆迁自焚事件

□南 石

楔子

时代依旧负重前行，你我已经凌波微步。

凭借一个账号、一张照片、一段视频，140个字，玩着就跃上了虚拟新大陆。

……

微传播产生微动力，缓慢但坚实地推进着国家新语境、国民新思维和社会生态变革。微，不是弱小和卑微，是个体被看见，是越草根越大声。

微传播改变了什么？它通过优化你我的沟通、促生个体的行动，进而改变了世界。

——新周刊：《微革命：从推特到新浪微博》

9月12日

06:32 头条新闻：9月10日上午，江西省抚州市宜黄县凤冈镇在拆迁期间发生一起烧伤事件，拆迁户三人被烧成重伤，疑为自焚，目前仍未脱离生命危险。

16:21 潇湘晨报：关于江西省宜黄县拆迁冲突中3人着火的官方回复：2010年9月10日上午10时许，宜黄县城建部门工作人员到拆迁对象钟如奎家中，就房屋拆迁开展有关政策法规解释和思想教育工作。期间拆迁对象钟家故伎重演，以浇灌汽油等极端方式对工作人员进行威吓，不慎误烧伤自己3人。

18:28 周至美：【快讯：官方回应江西宜黄拆迁事件 称烧伤源于“风力作用”】9月10日，江西宜黄县发生拆迁烧伤事件后，宜黄县人民政府办公室发出通告称，烧伤是由于“风力的作用”，吹溅起的火星点燃了叶忠诚和罗志凤。通告还称，目前患者病情稳定，宜黄县已对此事展开调查。

旁白：

谭人玮：唐福珍自焚后，再有自焚就很难引起媒体兴趣了。这次江西宜黄是因为有三个人自焚，另加跳楼，另加官员见死不救还不让人自救。每一次极端事件被报道后，都抬高了同类事件报道的门槛。

周至美：9月12日，第一天的报道出来后，钟如翠曾在电话中问我：“是不是时间长了，你们就忘记了？没人关注了？”我在电话这边沉默良久，只能说：“不知道。”

9月13日

00:11 头条新闻：【江西宜黄否认钉子户3人自焚 称均系其不慎误伤】江西宜黄县官网12日下午发布消息，称拆迁户叶忠诚在屋顶点燃屋椽进行恐吓，因风力作用，吹溅起火星点燃自己身上衣服，在将着火衣服脱掉甩出去时，又不慎点着身边罗志凤。二楼的钟如琴向下扔点燃的衣服时，被火星溅到引起燃烧。

20:35 周至美：【财新网：宜黄县安抚钟家，要求不接受采访和上访】“截至目前，钟家房屋拆迁已暂停，当地政府安抚钟家同时，亦多次强调不要上访和接受媒体采访。钟家告诉财新记者，他们家里电话已被监控”——这就是政府通告说的“专人看护”的含义。

2010年9月15日 星期三
南方都市報
深度周刊
燃烧的真相
江西宜黄拆迁“自焚”惨剧再调查

旁白：

潇湘晨报：烧伤者钟如琴的手机就像飞机“黑匣子”一样，记录下拆迁“自焚”当日的经过。（@财新网）

9月14日

00:25 周至美：【来自钟如琴的手机，黑匣子】在这段手机录音中，还有撞门声、叫喊声、哭闹声，以及拆迁执行人员发出的“连邹国宏这样有能力有关系的人我们都拆掉了，你们的也得拆！”“你们今天不拆，明天怎么死的都不知道”的恐吓。//@魏英杰：钟如琴三哥在院中持续近两分钟呼喊“快去让我救我妈妈啊，都点着了！”抚州拆迁“自焚”事件追踪：烧伤者钟如琴手机录音还原事件经过_政经频道_财新网 http://sinaurl.cn/h4ZSMU

11:27 刘长：【宜黄威武：强拆一户，动用公安等 11 个部门的 185 人】据财新记者掌握的一份文件显示，仅仅为强拆一户人家，当地就可专门成立以副县长李敏军为第一副总指挥的强拆指挥部，动用公安等 11 个单位的 185 人，在宜黄，强拆分为八个步骤，环环相扣、一气呵成。

旁白：

高明勇：无利不起早，我想知道他们的动力是什么。

9 月 16 日

07:39 刘长：今天上午 7 点，抚州自焚事件伤者钟家的两个女儿在南昌昌北机场，欲买机票去北京，被一直监控她们的宜黄当地四十多个人控制在机场，家属报警无用，现仍在机场，处于被扣状态中，泣血求助网友。

08:57 刘长：被县委书记带队的 40 多名官员围住，自焚家属们插翅难飞，航班耽搁，钟九妹心力交瘁刚才晕倒，幸而医生现场抢救，现在已无大碍。

09:07 刘长：钟如九暂时已缓过来，机场派出所一副所长向家属表示：今天是全国民航大检查，需要请家属去附近派出所内接受安全检查，被家属拒绝。目前钟家两个女儿仍然坚守在机场登机口一个卫生间内，不敢出去，靠电话和外界保持联系。

09:18 查小姐：一早起来家属打电话来说，宜黄县政府的人派了十几个人不让小九和小四登机去北京做节目，原本是凤凰台的节目。

09:21 刘长：有乘客私信来称，两女子躲在女厕不肯出来，而 40 多名官员在门外急得团团转，很多人在电话，因为机场派出所不情愿为宜黄处理，估计宜黄官员会调来当地女工作人员或者女特警来，冲入最后这个碉堡，活捉两女。谢谢机场乘客的友情支持。

09:56 刘长：诸位，请关注 @邓飞 正在微博直播的南昌昌北机场女厕所攻防战。

09:58 刘长：几家媒体已经快速靠近机场，很快就会有报道出来。双方攻防正在僵持之中，女干部们至今无法破门拿下两女，两女电话畅通。

10:16 刘长：在强大攻势下，钟家两女现在被带出厕所，由机场派出所一副所长、一民警和宜黄县副县长文波等人看守，对方欲把钟家二女带去机场派出所办公室，钟家人拒绝，现在僵持中。刚才公安向钟宣布：今天你们哪里都不能飞，不仅不能飞北京，全国哪里都不能飞。

10:29 刘长：现场机场发回信息称：钟家两女现在被带出女厕，拒绝去派出所，也就在机场内一茶座休息。宜黄一个政法委书记和副县长宣布：抚州市领导和县委书记希望和家属在下午谈一下。刚才机场派出所称：已接到了江西省公安厅的通告，二女被禁止登机。

11:17 查小姐：钟家姐妹和宜黄县长谈。

11:25 查小姐：刘县长称我们第一时间集中精力救人，忽略了家属，但现在找你们谈，你们不要被一些媒体炒作，我们公平客观的谈。对此，钟家姐妹表示我们就是需要公平客观的谈，什么时候跟我们谈都需要有记者在现场。

12:02 潇湘晨报：【宜黄县委书记带队机场围堵进京拆迁户钟如翠，钟如翠姐妹在厕所躲藏哭诉［音频］】http://sinaurl.cn/h4A2hH 上午7点，抚州自焚事件伤者钟家的两个女儿在南昌昌北机场要去北京，被宜黄当地四十多个人控制在机场。家属说，带队的正是是宜黄县委书记邱建国，软

硬兼施。by@ 邓飞

12:26 查小姐：钟家姐妹在安检处跪求工作人员帮忙摆脱政府的人。工作人员把他们安排到机场内座椅休息。据小九回忆，他们身边和身后玻璃外都有人监视他们的行动 。小九说当时已经吓傻了，没想到他们会来这么多人拦我们，当时有五六个人拽着我的胳膊往外拽。

12:46 查小姐：钟家姐妹和刘县长的谈判暂时告一段落，约定明天上午在部分媒体代表列席且不干预的条件下，抚州市某副厅级干部将受市里主要领导的委托和家属就事件解决坐下来好好谈谈。目前钟家姐妹情绪略有缓和，但所受惊吓在短时间恐怕难以平和。

13:14 潇湘晨报：【微博直播全纪录：宜黄县委书记带 40 人机场围堵拆迁户家属】08:57，家属们插翅难飞，航班耽搁，钟九妹心力交瘁刚才晕倒；09:12，40 多个人围攻 2 弱女，并将其迫入卫生间，机场派出所警察调看了监控视频，宜黄的人过分。09:21：女厕攻防战开始… by 中国新闻周刊 http://sinaurl.cn/h4A4RV

13:29 刘长：明天上午，抚州市某副厅级干部将代表抚州，与钟家姐妹"坐下来好好谈谈"，钟家姐妹表示交谈必须在媒体代表列席情况下进行，而抚州方面称若有媒体代表，则要求媒体代表不可使用任何网络工具将谈判过程直播出去，电视台也不可摄像。

14:20 查小姐：钟如九带记者回顾了事件发生的全过程、在昌北机场二楼的这间女厕的最里层隔间里，钟家姐妹经历了自焚事件之后最大的人身威胁、小九回忆说："我跟他们说肚子疼，躲在厕所里给家里人和记者打电话，特别害怕。他们找了机场的女工作人员砰砰砰地不停敲门让我出来，说我在里面打电话会妨碍他们的工作。"

旁白：
江筱湖：发了一副对联敬赠：女厕所风光无限，邱县令粪不顾身。

9 月 17 日

00:20 查小姐：听闻 X X 的机场门报道沦陷，遂补上钟家姐妹今晚接受某电视台采访时的照片以表支援。这几日来，每次见到钟家兄妹，都会看到他们日渐憔悴的面容中流淌的悲伤、愤怒、无奈和坚强。试想，两名二十来岁的女子要怎样的勇气才能和国家机器翻云覆雨之伟力相对抗，争取法律原本赋予他们的权利。

09:34 邓飞：【宜黄要谈“政策问题”，钟家关心自由问题】钟家姐妹现困守在南昌一处旅社的房间里，上午8点多，副县长刘文波给钟家姐妹电话，绝口不提昨日的媒体在场、公平协商的承诺，只宣布可以和钟家姐妹在医院附近见一面，谈一下“政策问题”，钟家姐妹表示，现在首先要谈的是人身自由问题。

09:45 邓飞：【昌北机场女厕攻防战双方敲定谈判地点】钟家家属问，记者为什么没介入，刘县长：我请示了领导，我们的谈话不能介入。县长要求家属现在就去南昌大学附一医院对面的七星商务酒店，三楼会议室。9点半。

10:12 邓飞：【钟家两女困守宾馆，怕被钓鱼抓捕】刘县长让钟如翠一人先过去，说去谈一谈细节，“到时候有个心理准备”。钟如翠说，我们全都是发自内心的话，有什么好准备的。因为宜黄昨天承诺可以让媒体参与旁听……钟家两女担心再被钓鱼。

11:16 查小姐：刘县长昨日上午在机场茶馆里当着几位记者的面，对钟家姐妹提出“善意”的劝告：我们也不是说不让你们接受媒体采访，你们一定要注意不要被一些人利用了，成为他们达到某些目的的“工具”。现场一位记者追问刘县长指的是何目的，刘答曰：这个很现实嘛，你们不就是要点儿点击率嘛？”

A.02-03

“上门教育”起冲突

燃烧的真相

江西宜黄拆迁“自焚”惨剧再调查

11:19 钟如九：大家好，我叫钟如九。是江西省抚州市宜黄县自焚家庭的小女儿。我在网络上看到了大家对我们家的关心，非常感谢！

11:54 钟如九：我妈妈，大伯还有我二姐现在都还没有度过危险期，医生在星期一给他们做完植皮手术后说手术比较顺利，但他们这几个月随时可能有生命危险。他们喉咙上都插着管，还不能说话。我们很痛心。

13:34 钟如九：今天中午听到医生说我大伯病危，明天不知道能不能在胸前植皮，如果不能治的话只能走一步算一步了。我听到这个消息后真的很痛心，想起以前大伯的身体那么硬朗，再看看病床上的他是那么的虚弱。我真的不忍心看他，本来还想在他晚年好好孝顺他的，没想到这么快就没机会了。真的很难过。

18:24 周至美：请大家急切关注 @钟如九，即将有最新消息发布，揭穿一个谎言。

18:56 钟如九：刚刚去医院，医生说我妈三人明天又要做一次胸前植皮手术，如果我大伯身体受不了的话只能不做手术先上药。我们问手术都是用人皮吗？罗医生说："人皮的价钱非常昂贵，有些地方只能用猪皮。第一次四肢植皮手术中在大腿的部位都是用猪皮。"但是当时政府承诺我们一定用人皮，还说要不惜一切代价治疗。

旁白：

刘长：@钟如九正在创造历史。她能从"女厕门"事件中看到互联网的巨大力量，选择从上访村走向互联网。类似举动将缓慢改变中国的维权现状。回顾以往热点事件，一拥而上的媒体记者事后渐次退去，苦主依旧，而如今，即便媒体噤声，钟如九和家人已然能够向外界发布信息，能如此，何冤不雪。

9月18日

01:08 钟如九：刚刚医院打来电话，说我大伯已经没有呼吸了。他们正在抢救，让我们现在马上赶去医院。

02:14 钟如九：我们赶到医院的时候我大伯已经去了，他连我们最后一眼都没看到就永远的走了我真的很痛心。医院到现在为止都不肯开死亡证明书。

02:28 钟如九：现在政府来了七八十个人把我们包围起来，抢走了大伯的尸体。

02:45 周至美：小九急电，哭喊“快来救救我们！”周围吵杂。

05:12 钟如九：政府的人把我大伯的遗体抢走后，我们试图在车头拦住带队抢我们遗体的苏建国县长的车子。但苏建国在车里一直无动于衷。随后有四十几名宜黄县的领导干部，强行把我们拉开。最后苏建国坐车离开。

08:25 钟如九：今天我妈和二姐做手术，我们现在准备赶去医院签字。我哥他们已经先到了，他们看到烧伤科楼下已经有十多个宜黄县政府的人在那里了！

08:37 钟如九：由于昨天凌晨由苏建国带队的宜黄县政府对我大伯遗体野蛮的抢夺，导致我哥的腰被他们打伤了，到现在都直不起来。我三姐的脚也扭伤了，肿了起来，走路都不能走。我们都被抓伤了，我真的想问问这个世界还有没有天理？为什么他们连一个死人都不放过呢？

09:07 钟如九：我两个姐姐先去了医院，我随后去的。刚一出门就有四五个宜黄县人想抓住我，我拼命往前跑他们一直在后面追。最后我跳上一辆出租车拼命挣脱才逃出来的。

09:11 刘长：【非直播，纯挂念】刚才8点45分的时候，钟如九慌张地电话我：她刚从住的旅社出来，就被4个人扑上欲围捕，钟往大门外跑，被一好心的的士司机载着，司机主动表示可以让钟去她家躲藏，但钟如九挂念着医院的母亲和姐姐。不知偌大个中国她可去哪里。我也不知道，只好写出这些。

11:51 南都周刊：【宜黄事件】宜黄，数十名“不明身份”的人将钟家姐妹强行

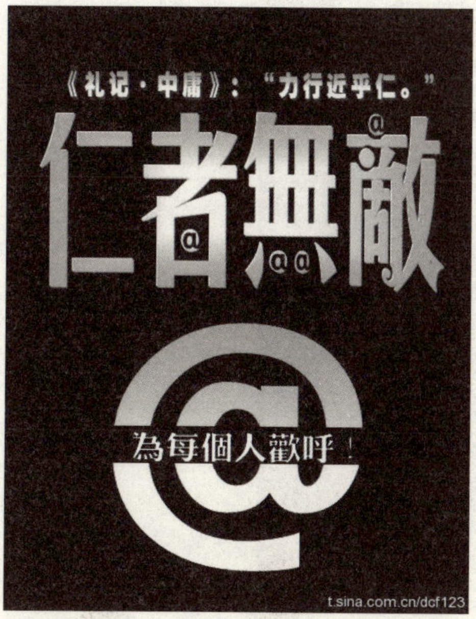

拖上一辆校车离开。医院对面的一家连锁酒店，据说近期这家酒店住进至少数十名某机构人员。在带走钟家姐妹后，这些人也开始撤离。

14:58 潇湘晨报：【P民的胜利？江西宜黄县拆迁事件责任人8人遭处理】最新消息：宜黄县县委书记邱建国、县长苏建国被立案调查；副县长李敏军、县房管局局长李小煌、县建设局党支部书记纪焕华、县建设局局长范剑华等均被免职，县交通局局长熊继勇、县公安局副局长黄健等均被诫勉谈话。

15:30 邓飞：现在，我们呼吁释放钟如九。

17:14 查小姐：刚刚连线在宜黄的家属，钟家媳妇邓香英等亲属一小时前曾前往龙腾宾馆，要求见@钟如九等五名钟家兄妹。邓苦苦跪在宾馆门口要求市里领导只求见家属一面，被告之里面正在谈话。目前，钟家五人的手机均已关闭，无人知晓里面究竟发生了什么。邓称，自己至今未能见到大伯的尸体。

18:26 查小姐：家属打来电话，钟家兄妹现已恢复自由，目前家人正在殡仪馆探视大伯的遗体。更多消息我会稍后附上。

18:32 邓飞：【江西承诺不惜代价救治自焚者】大江网称：江西省委、省政府高度重视钟家拆迁善后处理，专门研究部署处置和善后工作；已成立调查组开始调查。省、市领导要求用最好医生、最好技术、最好设备、

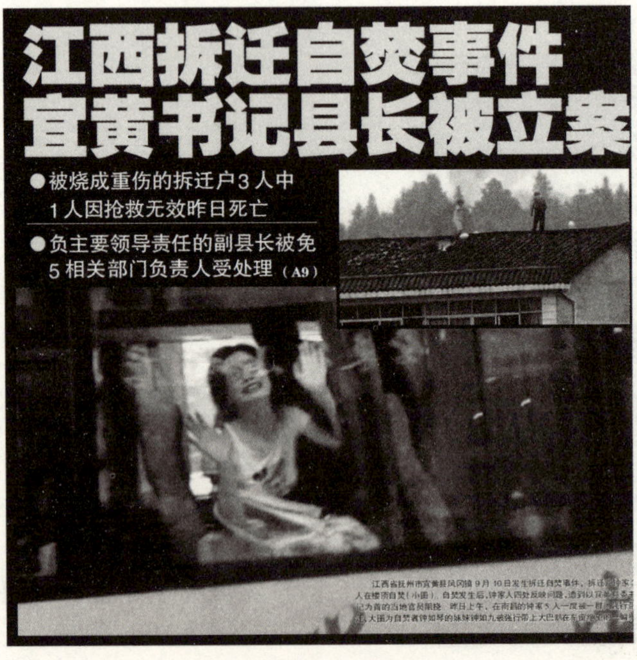

最好药品不惜代价救治自焚者。抚州成立医疗救治、家属安抚、调查处理、综合协调等工作组和家属沟通协商处理。

18:41 邓飞：【小九平安】被强行带回宜黄的小九电话报平安，仅手臂被抓伤，他们将可能连夜回南昌陪护病床的其他两位亲人。抚州市一陈姓副市长下午解释称带钟家大伯遗体和钟家 5 人回来是为了沟通交流，绝对不会限制家属的人身自由问题，他呼吁网民们相信江西、抚州能处理这个事情。目前一切安好，诸位宽心。

19:49 周至美：@钟如九委托我转告大家："我想告诉大家，谢谢大家的关心，抚州的陈市长和我们谈了，答应给我们自由。现在我刚看完大伯的遗体，正在从宜黄回南昌的路上。"

22:57 查小姐：宜黄官方一直强调钟家房子拆迁是为建设新客运站，为公益用地。然而在这张新客运站设计示意图中，钟家楼房的位置上却画着一栋疑似宾馆的建筑物。宜黄民间也传言此处就是要建交通宾馆。对此，宜黄官方至今未作出合理解释。

还原救助钟如九母亲的微博路径：殚精竭虑20小时

2010年09月28日01:14 红网 晋鸣 我要评论(444) 字号：T|T

(图/潇湘晨报滚动新闻制图 侯东梅)

旁白：

周至美：起床发现两个未接电话，是小九在 9：12 打来的。后来方知形势急转直下，上演 9 月围城。但我就算接到电话怎么样？家里没人，我可以痛哭一场，不过这次不是为你，是为我自己："你以为记者牛逼，信任我，我其实屁都不是！"

9月19日

01:06 刘长：是夜，采访毕，看着钟如翠走入宾馆的背影，有无限感慨。8天煎熬之后，他们该能睡一个安稳觉了吧。这是我们的时代，罪恶无论在白天还是黑夜都会发生，考验我们的是：如何将罪恶的形态呈现给公众？感谢连日来援手转发的诸位朋友，我们都不会永远年轻，但仍对一个更美好的世界怀有乡愁。

旁白：

笑蜀：纵然是围脖时代，还是离不开专业的记者。

不是尾声

Twitter既是一种传播媒介，同时也是一种人际互动工具。而由“What are you doing?”向“Share and discover”的发展，正是因为Twitter的发明者意识到，分享和发现比起“内观”来有着更为强大的力量：它可以用来形成外包式的新闻，报道速度快、信息源数量丰富、传播力度惊人……在过去，少数几个动力十足的人和几乎没有动力的大众一起行动，通常导致令人沮丧的结果。那些激情四射的人不明白为什么大众没有更多的关心，大众则不明白这些痴迷者为什么不能闭嘴。而今天，有高度积极性的那些人应致力于降低行动的门槛，让那些只介意一点的人能参与一点，而所有的努力汇总起来则将十分有力。

——胡泳：《从内观到分享和发现》

我的批判性漫画创作

□邝 飚

邝飚

这里想谈一点创作体会，就是漫画的批判性。

漫画是在批判的冲动中产生。16世纪末，意大利肖像画和风景画巨匠安尼巴列·卡拉契（1560 － 1609）的画室里出现的一种娱乐游戏，是传统的肖像、素描作品的副产品。训练有素的画家在刻板的笔调之余，突然想“魔鬼”一下，“颠覆”一下，于是最初的漫画就诞生了。这种调侃形式的画作很快进入市场流行开来，这种既符合人类“直观、刺激”的感官天性，又以其强烈的针对性和广阔的想象空间的漫画，悄然间引发人们思辨空间深处的共鸣，给读者以启迪或宣泄。

对于新中国的漫画而言，漫画批判性无处不在：从早期的廖冰兄、丁聪、方成等前辈的作品到中期的代表人物方唐先生的作品。

对于漫画创作，我认为必须具有批判意识，漫画的起源就是一个批判性的绘画嬉戏，它的本质就是靠批判起家的，所以漫画如果不批判，我认为它不是漫画，那是宣传画，是“笑话”。批判性的漫画才是漫画的主流。

首先得有公民意识。在被禁锢了的思想下创作，要考虑是不是遵守了某些规章制度，是不是要请示汇报。思想不解放，作品一样会被束缚，也很难有力度和深度。

为谁说话？这是个很重要的立场。作为媒体人，我清醒地认识到，要为草根说话。谁让公仆拿的是我们纳税人给的俸禄呢？人民作为国家的主人要真正认识到这一点，腰杆要直起来，这就是公民意识。

要创作有分量的漫画作品，我一直认为应该从大爱大恨入手，不去讽刺小科长、小局长等鸡毛蒜皮的东西。

下面就结合作品讲一讲我的创作体会。

我对《凤凰涅槃》(*作品见中间彩页*)这幅漫画情有独钟，它所讲的是关于整个社会目前存在的一个大问题，法大还是生命大。唐福珍为拆迁自焚，我有感而发创作完这幅作品，给了几家媒体，都不敢用。2009年12月22日，南方都市报做“暴力拆迁”专题，在网络上看到《凤凰涅磐》的编辑吴倩，找我要这幅漫画。后来没做深度报道的封面，改放在内文的首页上。但终于见报了。

在这幅画里，我将房顶设计成传统金色琉璃瓦的屋檐，飘出的那个龙头是中华民族的象征，凤凰站在这个龙脊上自焚的镜头取自远古的传说——凤凰涅槃。借用典故，绘制出冲击读者眼球、震撼人心的画面。

《筚路蓝缕》发表在《南方周末》，见报的时候是黑白版，没有那么刺眼，显得很温柔。有个流行的网络段子是这样描述的：人民已经是摸着石头过了河，可官员还在河里继续摸着石头。我在这里所描述的就是60年来政治运动的风风雨雨，历史给了我们很多很深刻的不可磨灭的印象。这幅漫画里还有很多东西是比较隐晦的。

《脱吧，到你了》首发于2009年3月16日《南方都市报》，后被无数家纸媒、电视台转载并风靡网络BBS。“反腐的坎坷路，官员的雷人语，网民的愤愤情。漫画巧妙构图，别开生面，实胜万篇八股评论，因而完美代言民意。从纸媒至网络疯传，辐射之远，飘扬过海，影响之巨，随文化衫走向街头。”这段话是获得2009年度南都新闻大奖的评论银奖时，评委们给的颁奖辞。这幅漫画同年还参加了2010第五届中国•嘉兴国际漫画展；入选并获得第二十届中国新闻奖新闻漫画作品银奖；首届中国新锐媒体评论大奖时政类金奖 。新闻漫画获得评论奖开了国内文字评论的先例。

这幅漫画带给我数不清的荣誉，但有这么好么？个人认为，《脱吧，到你了》其实是因为承载了广大民众的诉求而被共鸣，成了一个“代言人”。在众多作品中，无论是画面创意和构图及视觉效果上来讲，都算不上精品。在我接到新闻稿开始看稿构思、绘制、上色、扫描到完成交稿，只用时1个半小时，画面效果粗糙不说，还加了句设计对白，这明显属于“画不够字搭够”的典型。没有了令人回味的空间，没有给读者思考的余地，直白的画面，露骨的表白一直是我尽量避免的创作理念，但这幅漫画全占了。

在新闻漫画的创作过程中，一直努力用灰色幽默的创作理念去完成。

比如《温和腐败》，尽量用荒诞的思维中去描绘，幽他一默，把这个贪官设计成一名钢琴艺术家，让他尽情地激情演奏，让他充分陶醉在自己十指弹奏的“我办事，你放心”乐章中，我只要把琴键换成钞票，这个幽默的画面就足以吸引读者的眼球了。只要把读者的要求抓住，作品就成功了一半。

如何运用漫画的夸张性和荒诞性，这个不难，比如《多袋之殇》，大家知道，袋鼠的育儿袋只有一个，多画一个肯定是不合理的，多画几个更是突破了合理的底线，就是荒诞的。在这幅漫画中，我就是要把这个荒诞的画面构图出来，因为要鞭挞的这个社会现象就是这么荒诞，再没有比这个比喻更贴切的了。母袋鼠就好比我们纳税人，我们所承受的负担难道不是画面中描绘的那般表情吗?

我最近的作品《狗》的创作也值得一说。最近，大家都知道了臭名昭著的“北京安元鼎安全防范技术服务有限公司”被曝光一事。对于这样的一个保安公司的存在，是人类的耻辱！我愤怒到抓狂，盛怒之下作漫画《狗》。众所周知，狗作为人类的朋友历史悠久，看门护院是其本职工作，这畜生对主子的忠实是天生的。时下，在“维稳”这个命题中，“安元鼎”这个非法组织扮演的就是这个角色，这不是一个法制社会所能允许的，是极度荒谬的。画面中，狗绳的另一头是石狮子，它就是这条狗的主子，它出钱供养了这个为“维稳”而献身的超级打手“安元鼎”。这里我着重刻画了各角色的表情——石狮子的得意洋洋、狗的穷凶极恶和猖狂、上访者的痛苦和挣扎，被关押者的无助……

上面所说的几幅新闻漫画都有明显的指向性，批判的目标明确，可谓一针见血，就是要起到直观批判的作用。

下面我要讲的这些漫画属于灰色幽默，特点就是比较隐晦、含蓄。这些漫画是我生活的体验、阅历的积累，把感悟变成画面，记录下我有生之年的视觉观。我希望这些作品带给读者的不仅仅是在视觉上的震撼，更希望能带给大家一点儿感悟和启迪，从而产生共鸣。

《把握方向》：人的一生，从出生到死亡，你的命运可不在自己的掌控之下。在人生路途中，很多因素左右着人生方向，就好比一个司机，往往不能按照自己的思维行驶，你要听从乘车者的意愿；你要服从组织的指挥；你要围绕着领导的指挥棒转。可悲吗？也许无奈的成分多些，这就是生活。

《观众》：每天大量的阅读新闻，我时常有这种感觉——《观众》，围观者众，麻木的、袖手旁观的大众。这个漫画的创作灵感来自德国牧师所说的一句话：在德国，他们先抓拿共产党人，我没吭声，因为我不是共产党；接着他们抓犹太人，我没吭声，因为我不是犹太人；随后他们抓工会会员，我没吭声，因为我没参加工会；接下来他们抓天主教徒，我没吭声，因为我信新教；最后他们来抓我，这时已经没人能为我吭声了。

《牧》：这个取材于我童年时放羊赶猪的经历，放牧的场景肯定是放牧者赶一大群羊或猪。如今的现实里，管理者越来越趋于膨胀性增长，在事业单位，一个一把手下面有几个甚至十几个副把手，而干活的没几个。为此有感而作。

《诺亚龙舟》："诺亚方舟"是基督教传说中一艘根据上帝的指示而建造的拯救人类的大船。我借用这个"船"来比喻当下兴起的第3次移民潮，这次的性质与前两次有质的区别，受过高等教育的占了绝大多数，"你移民了吗？"成了中产阶层的问候语，大量的财产转移成了这个时期的一道风景。龙舟无奈地仰望星空：情何以堪啊！

《恰 恰——恰》：这幅漫画作于2009年，背景是"重庆打黑"，司法局长文强的落马震惊世界，连"打黑英雄"

把握方向

牧

王立军都由衷感叹重庆黑社会“质量高”。“警匪一家”是我作此漫画的点子，你中有我，我中有你，猫长了根老鼠尾巴，配合默契、和谐地共舞，来段探戈吧——恰 恰——恰。

《身后……》：螳螂捕蝉黄雀在后，网络生活已不再自由，灌水的、拍砖的要注意了，跨省追捕可是来真格的。因言获罪的例子不胜枚举，就在9月26日，顺德北滘中学的高三语文老师袁磊因在网络上发表纪实性小说《在东莞》(曾用名《80后——睡在东莞》)被东莞公安以“涉嫌触犯传播淫秽物品罪”被拘捕。

《演讲者》：民间调侃：不查都是孔繁森，一查就是王宝森。面具侠来了……我闪！

《月夜》：在常识中，人造的纪念碑是没有生命的一个物理构造的实在物体，如果让它动起来就幽默了。

《月夜》作于2009年2月15日，作完后我想调查下网友对这种灰色幽默漫画的理解能力，于是就贴在我的博客里。到写这篇稿时，浏览量是344572人次，留言评论1805条。原以为可能很多网友看不懂的，怎知大大出乎意料。而且我一直认为：这些漫画，没有一定生活阅历的人是读不懂的，没想到众多网友竟都读懂了，而且有很多网友的见解是如此的精辟和深刻。

演讲者

自由的爱

《壮苗》：自古以来，我们的官本位思维都没有随着社会的进步而进化，对权利的崇拜一如既往的热衷。记得在文革时期，你要活得有尊严，首先要“根红苗壮”，而今经过30年的改革开放，你要活得有尊严首先要有权，有了权不怕没有钱。于是形成了既得利益集团代际传承。

《自由的爱》：通过再现这种经典造型来描述“同志”的爱其实跟正常的异性相恋没有区别。抛开有色眼镜祝福他们吧，理解和包容是构建和谐社会的基本原则。就让相爱的人们如同海燕在世俗的暴风骤雨中自由翱翔。

我一直是把自己扮成一个批判者的角色，漫画是我的工具，用画面语言告诉大家我的观点、我的思想。我希望在我的有生之年，通过画笔记录我所见到的社会相貌。

（作者系南方都市报时事漫画撰稿人）

邝飚的新闻漫画

■ 邝飚

▲ 凤凰涅槃

▲ 观众

▲ 月夜

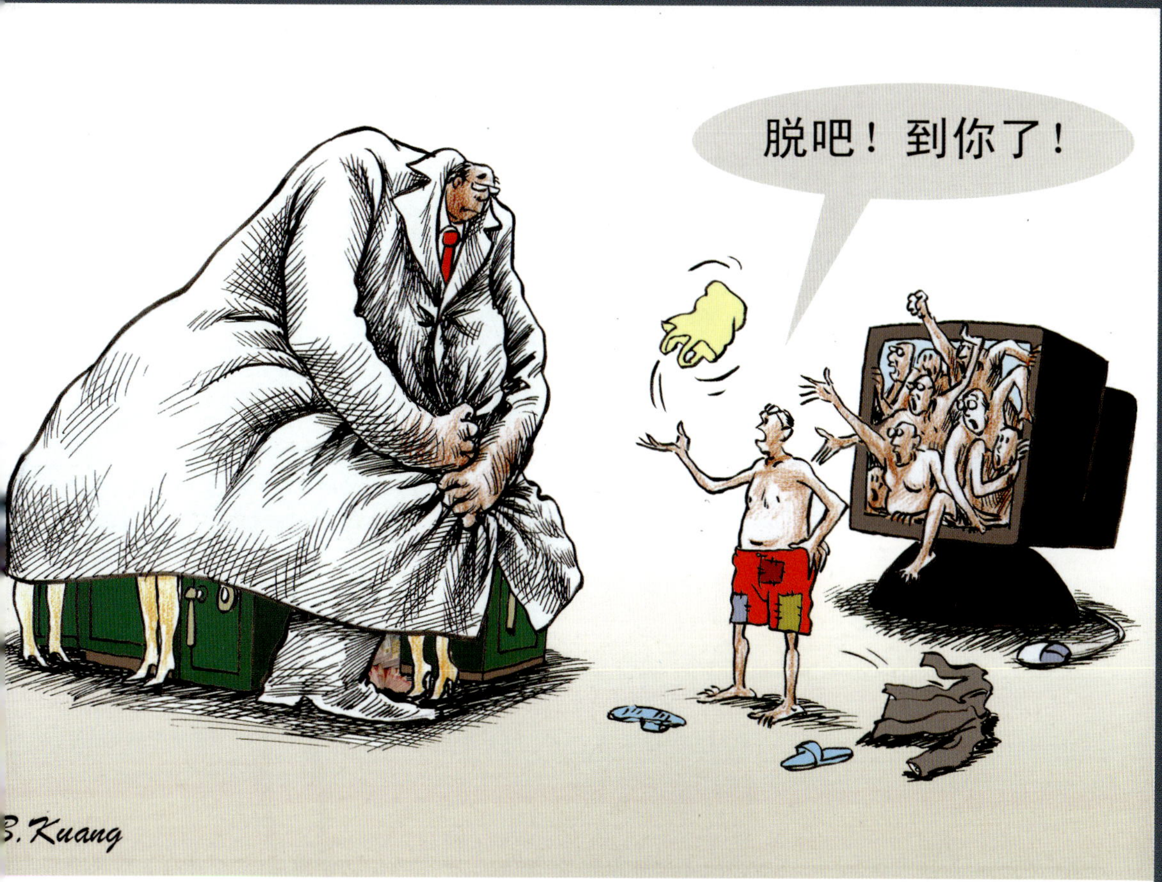

▲ 脱吧，到你了

▲ 多袋之殇

▲ 恰 恰——恰

▶ 壮苗

▲ 诺亚龙舟

▲ 修理

◀ 六十年，筚路蓝缕

◀ 狗

▲ 身后……

▲ “温和腐败”

保持实习生的**心态**

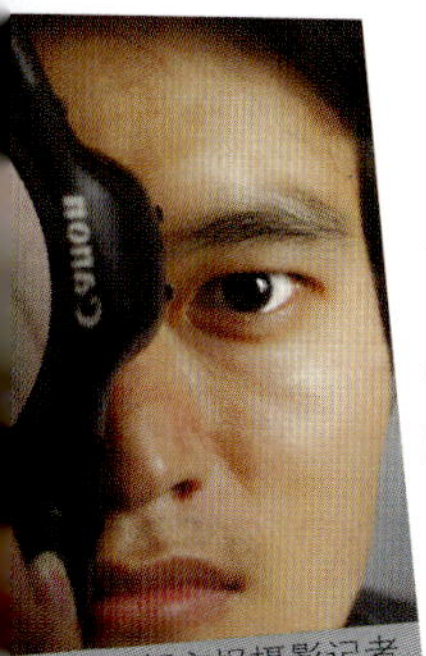

南方都市报摄影记者
梁清

我从事新闻摄影3年，3年是1095天。如果按平均每天跑3条新闻来算，我这3年跑了3285条新闻。3285个新闻现场，有很多是重复的，其中可能就包括了800个车祸现场。在报纸呈现时，恐怕也要打上“如有雷同，纯属巧合”。

经验之于新闻摄影也许是可怕的。还没赶到新闻现场前，也许经验会告诉我现场即将发生什么，我需要拍什么。这个新闻现场已经在脑海中成像了。保持实习生的心态，让我可以始终以学习和尝试的姿态，在任何一个新闻现场都爬高趴低找角度。然后，满头大汗地欣赏不同角度的“风景”，而这些“风景”，往往是肉眼不能看到或者很难看到的。

这，未尝不是一种技巧，不是一种鞭策？

▲ 2009年5月24日上午，26支参赛队在东莞万江激情上演龙舟争霸赛。

▶ 2007年11月13日，东莞南城一名打点滴的中年男子，因在病房接到客户电话，忍不住溜出来谈业务。

▼ 2009年3月18日上午，东莞市万江区好润百货对面一出租屋内，执法人员将销售盗版光碟的男子控制。

▲ 2009年4月27日，东莞市万江区，“人妖”秋霞挑选夜场表演的服装。

▲ 当地时间 2010 年 9 月 3 日，韩国漆谷郡，韩国士兵重现朝鲜战争第一年的洛东江战役。 摄影：Kim Jae Hwan/AFP

那个 45 度角 仰望天空的士兵

假期在漫长行走中休得身心俱疲，一入红尘，便又被某极品女子雷得外焦里嫩。好吧，既然说到极品，就不能不提法新社摄影师 Kim Jae Hwan 拍摄的这张韩国士兵模仿秀了。

图片展示的是韩国士兵在一场重现 1950 年洛东江之战的演习中，分组扮演韩国和朝鲜战士交战的场景，画面一眼望去颇为杂乱，但仔细观察却是有章有法，喜感十足。背景的人山人海暂且忽略不计，有趣的是前景的每位参与者在抓取瞬间动作都很别具一格，最搞笑的，除了中间这一位，交手者的神态居然都是喜气洋洋的，放在这样一个环境里，那个在枪口下呈 45 度似倒非倒慷慨姿态的视觉落点，就显得尤为憨态可掬。

先不说在韩朝关系这么紧张的阶段，韩国来这么一出是什么意思，单从图片来讲，每一个细节都很值得仔细推敲，因而这张照片一定要放大了才有看头，越大，耐人寻味的地方就越多。再添句题外话，10 月 8 日，朝鲜官方首次公开确认，金正日的三子金正恩马上就会成为朝鲜的第三代领导人了。

博客天下图片总监 翁倩

“渭南书案”是言说权利的胜利

□上官敫铭

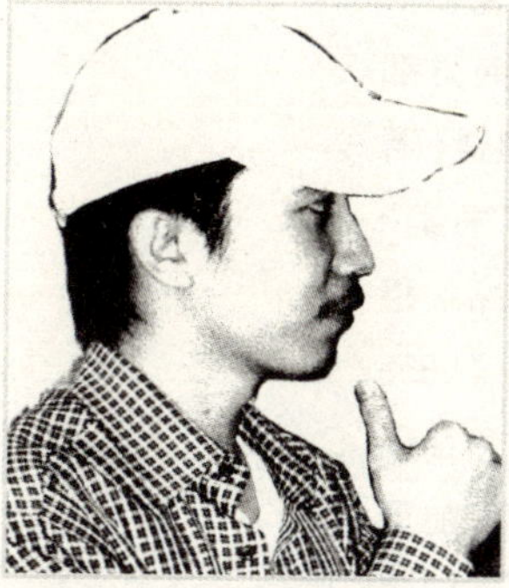

上官敫铭

谢朝平被取保候审回到北京的当晚，我与律师周泽等人去机场一同迎接他。谢一脸疲惫，见到我拍照时稍有不悦。他说，在看守所被理了个几近光头的发型太难看，借了我的帽子戴上后才略显放松。

自8月19日被渭南警方刑拘，至9月17 走出看守所，30天时间里谢朝平几乎与外界隔绝。外界因其身陷牢狱而奔走呼号的努力，是谢朝平在走出看守所后，其妻李琼在路上对他讲述转达的。在机场小憩，谢朝平一连说了几个感谢，感谢媒体、感谢专家学者、感谢网民等等。

事到如今，“渭南书案”可堪称完胜。虽不是无罪释放而是取保候审，但那只是渭南警方为自己找个台阶下而已。而今观之，这实是言说权利的胜利——在与包括警察权力在内的行政权的直接对抗中，民众对言论自由权利的捍卫发挥出了令人称奇的效力。

接到谢朝平在京被渭南警方刑拘的线索后，我与同事鲍小东随即分头行动展开调查采访。凭借之前操作此类新闻选题的经验判断，我断定这又将是能引发一起公共事件的新闻。出于兴趣，我对于言论自由领域的新闻素材有莫名的敏感和冲动。以前，包括如“西丰警察进京抓记者事件”、“山西检察官刑拘央视记者李敏案”、“曹县帖案”等，我都是第一时间参与报道。“渭南书案”，刚介入调查时事实尚未明朗，但初步判断当属“言论自由”权利与公权力发生冲突的事件。事后证明，这一判断是准确的。在南都率先向公众披露《渭南“书案”调查》后（当天，《新京报》也刊出了消息稿），公共舆论迅速形成，社会各界的关注将其演变为公共事件——一起捍卫言论自由权利的事件。

“渭南书案”的梗概，在谢朝平身陷囹圄的一个月时间里，南方都市报连续刊发了包括如深度报道《渭南“书案”调查》、《渭南“书案”前传》、《渭南移民局工会主席：移民款被滥用我举报了18年》、《5856万灾后重建款的“旅行”》等多篇稿件进行了披露。简述之：就是前记者谢朝平在一次对渭南地区三门峡移民的采访过后，谢对移民的遭遇与现实惨状心生怜悯；而后经过多次调查采访，并在移民的嘱托下记录下了从三门峡水库修建到渭南移民这段历史悲歌。谢朝平以《大迁徙》为名的纪实文学发表在《火花》杂志增刊上，此举引起了陕西渭南市官方有关人员和部门的注意。因为，渭南移民的历史，实际上也是移民争取生存权利的过程，是官民对抗的历史。在这种对抗中，移民的权利被当地部分官员剥夺、蚕食——《大迁徙》披露了地方政府对移民的压榨，克扣挪用巨额移民款等内幕。在不少地方政府总是试图只手遮天掩盖丑闻的当下，当渭南警方找到所谓增刊出版未及时报批这一程序疏漏的证据后，对谢朝平采取行动的做法就很容易让人理解了。

实际上，当对“渭南书案”的

渭南警察进京

渭南“书案”前传

南都记者获两名当事人相关文稿，谢朝平被刑拘前两天文章披露警方进京办案细节；《火花》杂志社原执行社长详解增刊出版过程，质问渭南警方“抓人”是奉谁之令？

声音

渭南“书案” 九大不解

采访调查进行到一定阶段以后，我更坚定了这是一起“因言获罪”的案子的判断。渭南警方的做法，几乎是在向公众的忍耐极限进行挑战。此前，无论是记者因报道被传唤、追查，还是网民因网络言论被抓，各地警方的做法下场几乎无一例外均是“引起公愤”、“骑虎难下”！这种社会共识的背后，是大众对言说权利——亦即“言论自由”的坚决捍卫。

虽然在学理上存在“绝对论”和“相对论”的辩论，但对“言论自由”而言，几乎所有文明社会都承认这是人的基本权利之一。我国宪法第三十五条规定，“公民有言论、出版、集会、结社、游行、示威的自由”。而中国政府已经签署的《公民权利和政治权利国际公约》，在第 19 条第 2 款则如是明确指出：“人人有自由发表意见的权利；此项权利包括寻求、接受和传递各种消息和思想的自由，而不论国界，也不论口头的、书面的、印刷的、采取艺术形式的、或通过他所选择的任何其他媒介。”在以谢朝平被刑拘引发的“渭南书案”经南都等媒体披露之后，其他各大媒体纷纷跟进，新闻界、学术界及网络在短时间内做出激烈反应，依我看，这都是在保卫“言论自由”。

A12 国内 南方都市报

为渭南“书案”鸣不平的渭南市移民局工会主席李万明：

“移民款被滥用 我举报了18年”

“我和谢朝平没有经济往来”

“因为举报事件我被关了22天”

警方称近日公布谢朝平被关案情

“我在移民办工作掌握一手材料”

在一个文明社会，失去自由表达独立意见及意愿的权利，这是一件十分危险的事情。言说，是无权力者的“权力”。搞“文字狱”或“因言获罪”，这都是与人类文明背道而驰的。在仍存在“沉默的大多数”的中国，记者、作家这类职业，在某种程度起到了帮助“沉默者”传达意见的作用——刑拘记者，将作家投进牢房，这种做法愚蠢至极。“渭南书案”引发社会各界反弹，也是在所难免的事情了。在渭南警方刑拘谢朝平的30天里，社会各界人士表达了对该案的看法，法律界、新闻界等相关人士，也从专业的角度指出了警方对公民权利的蛮横侵犯。在这一大背景下，检方做出不逮捕谢朝平的决定，这并不仅是迫于社会舆论压力，其实也是恪守了法治的精神。

然而，纵观“渭南书案”，谢朝平也是幸运的，我及我的同行们，采访调查过很多比“渭南书案”更重大性质更恶劣的新闻事件，为什么都经常悄无声息甚至是外界毫无所知呢？幸运的谢朝平拥有那么多在言论领域从业的朋友和同行。“渭南书案”之后呢，那么多被钳住咽喉的移民，他们的嘶吼和呼号，他们那么多年的血泪抗争，外界知道多少？我就不多说了，大家都懂的。

（作者系南方都市报深度部记者）

专题「微博捉奸报道」

专题「微博捉奸报道」

有所不为尚可期?

□王星

王星

对于传统媒体，有些底线，我觉得不该越过。显然，关于这一点是存在争议的，所以我下面说的是一个普通编辑的个人观点。

我觉得，捉奸并不应该成为公众新闻，不管捉奸如何刺激，不管捉奸者与被捉者是否接受采访、看起来如何坚强，不管“捉奸”前面可以加上“微博”、“网络”或其他什么定语，那都不应该成为公众新闻。

没有条件。

不报道普通公民的家庭纷争、隐私，这应该算是一个底线。这一次，有的媒体粗暴地踩过去了，有的媒体轻轻的迈过去了，有的媒体斜 45 度以便换个角度看问题，也有的媒体根本不觉得那是什么底线直接整封面。

9 月 8 日，新浪微博上最热闹的事情就是“捉奸”，很多人围观，我也转了其中一条，因为我怕有媒体会报道这件事，“微博事件微博围观，希望传统媒体不要介入,不要报道。这不是媒体应该介入的空间。”我写道。

第二天，我写了一首打油诗：铁笔不能问庙堂，拔刀直言向卧床。君言题中有深意，余忧题中几人泣。夙反公权侵私利，今执公器曝私密。世易时移无界矣，有所不为尚可期?

那时很很多同行、朋友讨论甚至争论过，过去这么久，也不知该说些什么了。把曾经讨论过的一些问题罗列下吧。

1. 问：A自己在微博上写的，这就等于在广场上大喊，而且B也公开回应了，这还算隐私吗？

答：就算是她在广场上大喊，那也不意味着我们可以搞个扩音喇叭让整个城市的人都来听，更不意味着我们可以弄个电台节目来报道和评论。

她在微博上写，你可以作为个体转发，但不意味着你可以作为记者采写报道。

一个人在精神受到巨大刺激时作出伤人伤己的事，我们能因为她是主动的而推波助澜吗？将心比心，如果她是你的朋友，会去报道吗？你会建议她接受采访吗？

2. 问：如果是朋友那当然会让她赶紧删微博，也不要接受采访，但我是记者啊，记者有自己的职业道德，要对新闻负责，网络时代、微博围观中的捉奸，新传播形式对个体的巨大冲击甚至扭曲，这难道不是新闻吗？

答：这不是新闻。这是新鲜的事，这是新鲜的问题，但这不是新闻。新闻是有底线的，不管给捉奸冠上什么名目，它都不应该成为传统媒体报道的新闻。原因之一是新闻不应伤害个体，不要说为了警醒世人，而用自己的笔在一个人的身上划口子。

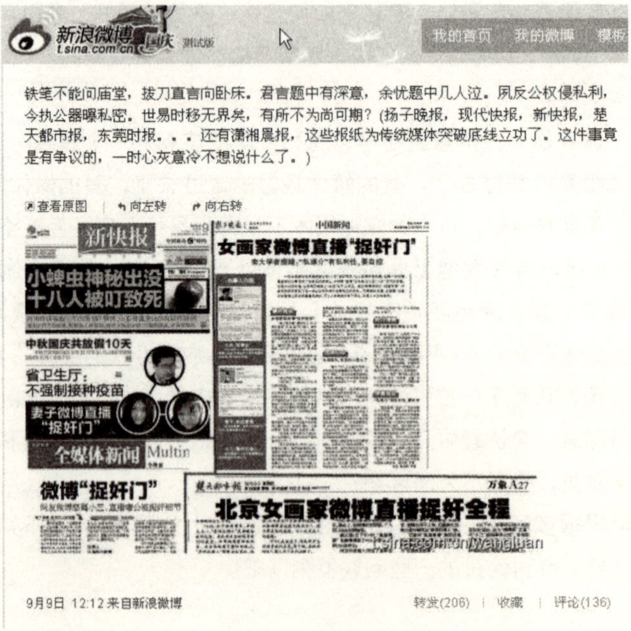

3. 问：扯淡，在这个新的传播时代，谁也别端着，新媒体和传统媒体还有什么不同？为什么微博能说报纸不能说？

答：和尚摸得我为何摸不得？呵呵。在这个新的传播时代，传统媒体如果不“端着”，那就没什么生存必要了。传统媒体有专业的新闻人，有新闻操守，有新闻规范，有采访要求和原则，这些当然要端着。

微博传播是小众的，门户传播是大众的，在现行报道体制下，传统媒体报道就意味着一件事情真正走进公众视野，从玩微博、逛论坛的以十万、百万计的网友关注，到上网看新闻的以千万、亿计的网民关注。

微博上每个人不管是否带V，其实都是普通个体，有些事微博说得媒体就是说不得。

现在很多媒体人都在微博上，可能会有人产生幻觉，觉得微博上热转的就是新闻，微博上热评的就是热点，实际上很多时候都成了笑话。

4. 问：即便报纸不报道难道别人就不知道了？这可是网络时代！

答：如果报纸不报道别人也会知道，为什么还一定要报道？报道的价值何在？只要你的报道有价值，那么你的报道就有责任。

做网眼版编辑4年，见证了很多事件和新闻，我认为在网络时代，最要有质疑网络的精神，在网络时代，最要有不为所动的勇气。

5. 问：A和B都接受了采访！他们都没意见，你扯什么呀？

答：一般人对媒体的能量是缺乏准确认知的，我们是记者，我们知道自己的报道可能引起多大影响，可能对自己和家人的生活带来多大的伤害，而接受我们的采访的人往往不知道。我相信，很多新闻人都曾经在稿子见报后面对过采访对象这样的质疑：你可把我害死了！我们拿到了荣誉和稿费，继续下一个目标，而他/她的生活还在那个稿子所涉及的空间里继续。

比如说，A在气头上发了微博，你可以说她已经自动放弃了在微博网友面前的隐私，但她真的做好准备让自己的父母也看到这件事了吗？她的父母亲人、她父母亲人的单位同事，他们可能不知道什么是微博，但他们会看报纸。

再比如说，一个家庭里发生矛盾，夫妻俩说了很狠的话，但其实过后他们可能很快就能说开，结果媒体去采访了，结果会怎样？家庭、隐私从来都不是媒体应该涉足的地方。

更何况，在此次事件中，有一个人一直没有接受采访，她的隐私、她的权利媒体有权侵犯吗？我们有想过自己的报道可能伤害她和她的家人吗？还是说她犯了错，所以她就活该？

6. 问：为什么一定要专门就家庭、隐私强调什么底线，有这个必要吗？

答：非常有。在这片土地上，监督官员是有风险的，因为被监督的官员是有组织的，如果媒体报道有偏差或怎样，有部门会出来说话并惩罚媒体。而监督普通公民是几乎没风险的，他们是可以被任意揉捏的个体，他们没有组织，他们如果被伤害了没人会管。

闫德利事件是中国新闻史上巨大的污点，一些媒体下作、无耻、荒唐的参与了对一个弱女子的分食和伤害，这些媒体应该被钉在耻辱架上！但实际上呢？哪家媒体向闫德利道过歉？宣传部有批评吗？协会类的组织有评议、谴责吗？

监督官员有风险，所以我们会小心翼翼，避免任何问题。但对监督公民，因为没风险，我们太需要有操守、有原则、有底线！

7. 问：有的媒体就是冲着“捉奸”去的，有的还放到了封面上，这些确实不妥，但有的就很严肃啊，那是在探讨社会问题，并不八卦，你对那样的报道为什么也有意见？

答：越严肃的突破底线，越让人伤心。我认为这就像是为了正义的目的而采取邪恶的手段。叙事的恢弘、立意的高远都是附加分，可以说这条稿子比别的稿子写得好，好很多，但只要参与了报道，就是不及格。

我个人觉得，问题在于媒体能否耐得住寂寞。

不报又如何。

有些事，不做就是对的。做了，就是错。

（作者系南方都市报编辑）

知我者谓我谈传播

□曾鸣

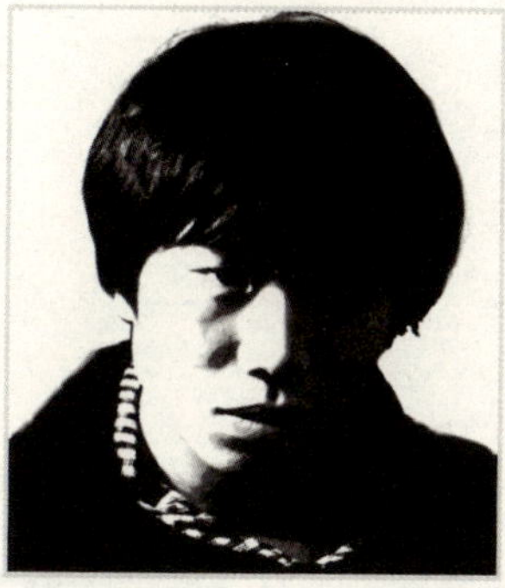

曾鸣

公众世界是私人世界的镜子，而私人世界又折射着公众世界。

——米兰·昆德拉

“9月8日早上，女画家赵庭景美推开家门，看到散落一地的男女内衣，还有‘裸在床上’的老公与另一名女子。此情此景令她崩溃，她随后的反应是——争吵、打架、发微博。”

这是《一个捉奸故事的微博路径》的开头。捉奸，对捉奸者而言，想必不是轻松的事情。那么，在她情绪激烈而又难过的时刻，谁是她最优的倾诉对象？她想让谁来陪伴？

答案是微博。一种让“个人和全世界对话”得以成为可能的新媒体。

就像收音机、电视机、即时聊天工具逐一改变我们的生活方式，微博也正在显示它的威力。2010年9月8日那个清晨，它让一个女人在几近崩溃时，除了歇斯底里、争吵、厮打外，还摁下了POWER键，等待电脑开启，登陆微博，把自己的遭遇敲成文字，发给以太世界。

这个故事在微博上出现，是7点过5分。之后的6个小时里，当事人一共发了9条微博“直播”捉奸过程，还发表她对第三者的忠告。

我知道它，已在午饭后。下午1点，故事从北京传播到千里之外的长沙，成为编辑部的话题。

“我们的生活方式正在发生变化。”这是率先闯入我脑海的信息。

捉奸是事关沉重残酷的个人隐私，微博只是看不见的网络媒体，当事人在第一时间诉诸微博，是不是对微博的一种信赖？我的判断是，它表现了微博正在取代电话、电视、QQ，成为我们新的倾诉对象，承担陪伴功能。

这并不是我的选题范围，但我情不自禁写下一组导语并报题。执行总编辑龚晓跃与我所见略同：“重点不要放在下半身，（关键）是微博这个交流与媒体工具。”

操作时，时间已过下午2点，事件亦进一步发展。当事人停止更新微博，她的丈夫开始用微博作出回应，他先是劝网友不要围观，以免“耽误工作”，但大量的评论表示，网友没有被说服，兴致反而更高。不久，当事人的丈夫开始表达自己的观点，坦诚自己在妻子与第三者之间的选择。第三者在微博上发言，显得并不慌乱。

微博新媒体的特性得以凸显：BBS里的每一次顶贴，只是一个单向的信息衍生体；而微博上的每一次转发，都是信息母体，立即具备再次繁殖的能力。在BBS里，每一次顶贴，不过是使该贴的影响力趋向在这个论坛达到最大值；而微博里的每一次转发，都直接将事件传播至另一个世界（由该微博用户及他粉丝组成的世界）。

一个捉奸故事的微博路径

(图/潇湘晨报滚动新闻制图 侯东梅)

救助钟家母亲：一场烧伤救援的微博路径

红网长沙9月28日（潇湘晨报滚动新闻记者 曾鸣）还记得一篇中学课文吗？那是一则发在1960年的新闻，讲的特效药二巯基丙醇，如何在八小时内，从北京火线送达到山西的故。半世纪后，另一场救援上演。20个小时内，一群素不相识的网友，为一位重度烧伤者竭虑。这一次，舞台是微博。

到此为止，事件还停留在“微博层面”：事件中的三个人通过微博的账户进行发言和回应，围观者是另外一批微博用户。这是一起“微博人”的捉奸故事。

很快，事件的影响力开始溢出：网友对当事人进行人肉搜索，BBS开始发帖，某百科网站对此事件进行百科记录，甚至一家房地产网站都掺和进来，以《微博捉奸后续：最适合陈某某许某某的小三房》为名进行楼盘推介。

此时，距离当事人在微博上发布第一次信息，不过10个小时。微博显现了一个可能性：这个世界原本毫无关系的人，是怎么通过微博彼此交换信息的。而相较于之前的媒体，微博上的信息流传更快，更不可控制。

在截稿前，我拨通了当事人及其朋友的电话。如果可以，我愿意和她探讨“微博是否承担了陪伴与倾诉功能”、“信息在微博上的传播路径”这些问题，我还想问她是不是像我一样一有空就会忍不住掏出手机打开微博，是一个“微博控”……但是她们都非常疲惫，仅仅谈了一些夫妻间的琐事。此时时间也不再允许去对专家进行采访，并且我也不认为在这个世界有谁能够代替当事人进行叙述。

稿子遂成为最终的呈现形式：记录这个故事在通过微博传播的路径，捉奸的章节被简化到仅仅不影响叙事的程度（并且全部出自当事人发表在微博上的内容）。通过采访得到的当事人的感情纠葛、捉奸细节，均未采用。

事件给我诸多启示。微博时代里信息的公开与不可扑杀尤其令我欣喜。但我以为记者的教养，并不在僭越读者的智慧去做判断。况且，事实所蕴含的关于这个世界的复杂性，是记者所不能说尽的。

当晚，我和南方都市报的一位同仁进行了沟通，他认为这始终是一桩私事，传统媒体不该干预。第二天，他在微博上写了一首诗，开头两句是：“铁笔不能问庙堂，拔刀直言向卧床。”我的回复是，“知我者谓我谈传播，不知我者谓我说被窝。”

我的本意，始终不在“捉奸”本身，吸引我注意力的，是信息传播大道上的微博这辆新型交通工具，这辆工具上搭载的是“捉奸”还是“自焚”，我认为是无差别的。

此外，我还想赘述两句，尽管我平时做得最多的是像“拆迁”、“矿难”、“地震”、“躲猫猫”这类“天灾人祸”，但我并不认为事关“下半身”的新闻是下作的新闻。今年春天，我做过南京某大学教授因“聚众淫乱”获罪的稿子，在此之前，我们关注“聚众淫乱罪”已经很久了。我们认为，极权对“上半身”的专制，往往是从“下半身”开始的。

确实，赵庭景美捉奸的那天清晨，微博上搭载的是“下半身”，可是你焉知下一班乘客不会是“上半身”？有趣的是，我后来的确写了一篇《一场烧伤救援的微博路径》，是微博用户救助宜黄自焚者钟家母亲的故事。

只关注“上半身”，认为只有“天灾人祸”才是大新闻，是一种不易察觉的“媚俗”。昆德拉说，“‘媚俗’一词指不惜一切代价想讨好，而且要讨最大多数人好的一种态度”。相较于“下半身”，“上半身”总是显得更正义一些。

至于微博究竟是“公共媒体”还是“私人媒体”，我不敢断言，我愿意用昆德拉的另一句话来结束这篇文章：“公众世界是私人世界的镜子，而私人世界又折射着公众世界。”

（作者系潇湘晨报首席记者）

微博言说分析：以“赵庭景美”事件为例

□巢乃鹏

巢乃鹏

这是一个真正的大众言说的时代。由于私域在网络虚无空间中全面公共化，原本属于隐私的东西随着文字搬上了屏幕，而逐渐突破了公与私的传统界限。此时“偷窥”不再是一个卑鄙的字眼，而逐渐成为一种众人狂欢的共同表演，一场真正的群众运动。每个人本想走进别人的内心世界，没想到却走向了庸俗。隐私的公共化，好似一种言论自由的伟大实践，可惜却误入歧途。

2010年9月8日早上，女画家“赵庭景美”推开家门，看到散落一地的男女内衣，还有“裸在床上”的老公与另一名女子。此情此景令她崩溃，她随后的反应是——争吵、打架、发微博。

“赵庭景美”的前两个反应与常人无异，关键在于第三个反应，微博成了“赵庭景美”言语的平台和媒介。本文并不想过多讨论“赵庭景美”这一言说方式的是非问题，对此是非问题探讨的最佳视角莫过于法律与道德层面。法律层面自有专家，不用我们讨论；而道德层面，其焦点在于现行社会的道德约束是否在微博中仍然适用。皇家马德里俱乐部主帅穆里尼奥对微博有一段说法：“我不会干涉球员的私生活。我也并不对此感到担心。20年前微博和社交网站还不存在，但现在它已经普及了。这取决于每个人的性格。就我而言，我就不可能去玩Facebook或Twitter，但这只代表我个人的想法。对球员们唯一的要求是他们必须清楚什么东西可以写而什么又不能写。比如说，如果我向他们宣布了明天的首发阵容，我不希望看到有人去写一句‘我很高兴，因为我明天可以上场’。”这其实也反应了部分社会大众对微博使用的道德理解，即：你可以通过微博说，但你不能违反（法律之外的）既定规则去说，这些规则可能是组织规定的，也可能是现行社会认可实施的。

以我个人的理解，并不认为“赵庭景美”的微博言说有太多违背个人道德的地方。如同博客一样，微博同样也是一个个人的半隐私空间，它允许使用者通过微博来宣泄个人情感。

笔者曾就微博用户的使用动机进行了研究。首先根据用户写作微博的频次，将微博用户区分为极活跃用户、活跃用户、一般活跃用户和不活跃用户。其次，通过对选择的新浪和网易的抽样微博的观察以及数据分析，总结出微博的用户偏好分类。

信息偏好型：此类用户在微博上主要是分享信息和寻找信息，这其中包括分享新闻信息、个人日常信息、转载其他别人的微博信息以及寻找自己所需要的各类信息。

娱乐偏好型：这类用户在微博客中所占的比例最高。人们更多地是将微博客作为生活休闲娱乐的一个工具。时而发泄一下自己的情绪，时而将自己生活中所见所闻告诉他人，时而分享一些照片、视频。

中国新闻·综合
CHINA NEWS

妻子微博直播“捉奸门”

并与丈夫微博对攻，引起网友极大关注

如果目睹丈夫出轨，并捉奸在床，你会如何处理？画家“赵庭景美”选择在自己的微博上，直播了将丈夫“北京陈青蓝”“捉奸在床”的过程。“正室”直播“捉奸”，并与丈夫微博对攻，引起网友的极大关注。因为主角三人都是微博中人，此事也被网友列为微博标志性事件。

清晨回家无意中“捉奸”

丈夫力挺小三是最爱

网友围观人肉搜索

网友评论

微博功能越来越“强大”

关系偏好型：此类用户使用微博来与自己现实生活中的朋友保持联系以及寻找一些新的关系。他们使用微博，更多地是将它作为一种沟通交流的工具。

自我价值偏好型：这类用户使用微博来寻求自我价值，寻找认同感和归属感。此类型常见于明星微博，他们更多地是将微博当做一个宣传工具，来证明自己的价值。

内容偏好型：此类用户更关注的是微博上的内容，而不是单纯的信息。内容呈现在微博上的形式便是最新最热门的话题讨论。

更进一步的分析发现，极活跃用户大多是信息偏好型和娱乐偏好型。活跃用户则部分属于内容偏好型，他们更加理性，喜欢表明自己的想法与立场。而一般活跃用户大多除了属于关系偏好型，他们有时还将微博客当做一个记录自己心路历程的平台。

从“赵庭景美”使用微博的频率来看，她属于介于活跃用户和极活跃用户之间。因此，我宁愿设想“赵庭景美”选择微博来言说，其实是相通过微博来发泄个人情感，而非想以微博这个媒介平台来寻找社会支持。综观整个事态的演变，转折其实在于媒体的全面介入，使得“赵庭景美”不得不成为一个公众眼中的娱乐代表，特别是随着其先生和“小三”在微博介入回应后，这一事件成为一个如同凤姐一样的娱乐性事件基本已被定性。

如果我们进一步结合此事件来分析微博的言说方式，我们或许会发现“赵庭景美”作为女性，利用微博来说话，某种程度上也显示了在微博写作中的女性话语的身体表达。在中国传统文化领域里，自古以来是男性具有文化符号体系的操作权、话语理论的创作权和语言意义的解释权，女性要获得这种话语权只有走向

两个极端，要不就是丧失自己的主体，去掉女性独特的生存方式、体验方式和言说方式，用男性的符号或意向去说话，从而进入准男性的话语机制；要不就是通过自己写自己，去创造一种独特的语言，将这种男性化、观念化、理性化、制度化的语言摧毁。而随着女性意识在中国的觉醒，更多的女性选择了后一种方式。但当这种对抗性举动在博客以及微博上表现出来后，往往会被（社会和媒体）出于其他目的地放大、炒作，此时女性意识原有的意义和初衷反倒退席了。

我们还可以在微博与女性话语表达之外，看到微博写作中公共与私域的徘徊。网络的出现，使得每个人都可以找到言说的场域，这是一个真正的大众言说的时代。由于私域在网络虚无空间中全面公共化，原本属于隐私的东西随着文字搬上了屏幕，而逐渐突破了公与私的传统界限。此时“偷窥”不再是一个卑鄙的字眼，而逐渐成为一种众人狂欢的共同表演，一场真正的群众运动。每个人本想走进别人的内心世界，没想到却走向了庸俗。隐私的公共化，好似一种言论自由的伟大实践，可惜却流于庸俗而走入歧途。

隐私永远是人类难以克服的问题和矛盾，人们依赖窥视隐私去获得快乐，去追求快感体验，这是一个在未来也难以回避的人类生存方式。我们只是希望，在微博中，隐私只是表达了人们普遍受到压抑状态下，爆发出来的潜在力量而已，在人们压抑的情感下面，更多的应该是对于自由思想、生活方式、情感体验独特的追求。隐私在微博书写初期，可能成为对长期压抑情感施放必然的反映，但并不代表着微博的未来发展方向。

归根究底，既是“赵庭景美”选择了微博，也是微博选择了“赵庭景美”。

（作者系南京大学新闻与传播学院副教授）

众议“微博风月上报纸”

ariana2：私密是陈有婚外情，媒体报道的是陈被老婆捉奸并在微博曝光，这是一回事吗？公器是媒体的天职，这论断过于笼统。公器是媒体的职责的一部分，而且也只是一部分媒体的职责。媒体不许报花边新闻啦？况且，这也不是普通的花边新闻，它提醒我们思考新媒体对生活和社会的影响。

温和的土匪：众声喧哗，围观者众，并非就表明这是一起公共事件，无论是在家里吵、还是在网络上吵，这个性质都不会变化。但是，媒体的介入，改变了这个性质，而变成了公共事件，追问的是媒体是否能介入到私人事件中去？而潇湘晨报关注微博这类新媒体对生活的影响，是一种负责的态度，但行为本身仍是错误的，因为介入。

钟袖：我觉得这也不算隐私吧，这是自己主动报料的。如果这也算隐私，那上次那个三奶打二奶的事也算隐私，人家也没授权让报道的。你说呢？

路边新闻资讯社：偷情捉奸不是新闻，微博直播才是新闻。奉劝媒体慎重介入。此类事件不宜鼓励，闹大了会出人命。

宋石男回复@连鹏：报道本身并未对当事人做任何道德裁决，只是客观报道一个本属私人隐私的事件在新媒体语境下如何措手不及或有条不紊地进入公众视野。连兄看到更多的是道德，我却觉得报道着力的是新媒体下的个人隐私与公共生活。

瘦枭V5：昨天我说该拍成电影，同事说那样不易满足大家窥私欲，我后来一想，好象是这样。我个人倒认为此事可报，因为双方既然以围脖这种私媒体自我报道了，报纸等传统媒体有何不可报？当然，其中需要技术处理。把传统媒体绑架到很高的社会道德地位，显然不符合现今实际。

赵子墨：我觉得这个属于人家个人家庭的事，媒体最好不要介入的好。事情的原委曲直本就很难搞清楚，这般堂皇的传播，大众挥着道德大棒紧跟其后，还让人家以后怎么生活啊！更搞笑的是还看到互动百科把这个事件也收录了，有些传媒者为了吸引眼球神马（什么）底线也没有。

小党：抓奸，就跟在家看毛片或者 3P 一样，属于警察叔叔管的事，一份报纸为什么要掺合其中？从武大郎时起就开始抓小 3，有什么好大惊小怪的，网上八卦八卦就完了，还要正儿八经写稿，要是我，全告上法庭，一个不漏。

曦 SISSI：什么时代了，还只做“传统媒体”？

我是陈颢：这是微博的胜利，三个人的杯具。

连鹏：稿子写得不错。但问题是对家庭纠纷，是否做过实际调查？况且，如果当事人一时激动，报道出来会让这种矛盾不可调和？对于私人纠纷，还是谨慎些好。

网络语文：“家事国事天下事事事关心”，家庭是社会的细胞，家事就天下事的缩影。既然当事人主动播报了自己家事，荡起串串涟漪，媒体为什么就不能够跟进关注呢？

正华微博：都已然万众瞩目是一个公共事件了，媒体的介入并不是从星星之火的阶段介入的。按你的说法，所有的民事报道都没法做了，都可能涉及到旁人。而且媒体没去索隐没做道德评论只是记录，记录新媒体新时代下的一件公众事件，媒体不是什么高级东西，为公众提供信息服务、记录社会现实是它的天职。

新快周昀昀：有些事情是该广而告之的，如这次微博捉奸，见诸传统媒体有何不可？若小三的隐私受到严密安全的保护，那妻子的权利由谁保障？如同你去保护了陈冠希和阿娇的隐私屏蔽照照，那么随后评选优秀榜样艺人俩人位列其中就不奇怪！但放封面导读就显出报刊的风格和导向了，感觉还是不放封面导读更好！

刘立平：新闻世俗化、娱乐化的趋势看来是不可避免了。台湾媒体的今日就是我们的明日。

任兰 Wawa：微博是自媒体，“捉奸门”当事夫妻既然在微博上公布私隐，就等于召开了一个开放式的记者招待会。后面的事态发展，可想而知。夫妻二人，一为经济学者，一为画家，作为微博直播捉奸事件的中国第一桩，媒体报道无可厚非。人家都在大庭广众之下洗内衣了，还不兴拍照见报？公权入侵私权云云，从何说起？

王卓娇 Melodia：我觉得这件事就像一个人在大街上脱光了，那些看热闹的不仅不帮人遮羞，还吆喝着要大家伙赶紧来看，十分不道德。

H 妮娟：失望归失望，不过我也想起一个朋友曾经说过，当你把自己的“私事”放上围脖，那就代表你自愿公开私密。

子夜的昙：我认为是不该公开报道的……当事人朋友的话：旁观者永远不会把别人的痛苦当回事。

软实力塑造传媒制度新格局

□支庭荣

支庭荣

改革开放 32 年，不惟物质基础有了巨大改善，国家也空前重视文化软实力的增长。深化文化体制改革，繁荣文化创意产业，因决策层的高度关注和积极倡导，而成为开放时代的最强音符。

文化产业中的硬件和软件、媒体与环境是相互砥砺的。鉴于制度是软实力的重要源泉，对于提升软实力这一目标的追求，政府相应采取的各种举措，及其与社会的互动，同时也在塑造着制度框架的整体面貌。

身份转换

2010 年 6 月，求是杂志社与浙江日报报业集团重组成立红旗出版社有限公司，出版业的转企改制掀起高潮。在全国 581 家出版单位中，包括中宣部主管下的学习出版社在内的绝大部分中央部委社，以及众多的大学社、地方社，都已经或即将转制为企业，两只脚一齐踏进市场。另有数量相当的非时政类报刊转制为企业。出版业因此走在文改最前列、成为市场化程度最高的领域。

经三年试点，四年铺开，我国文改大棋坪纷纷进入了决战、收官和读秒阶段，有望如期于两年内鸣金。不过，由于广电、三网融合、文艺院团等部门或领域的改革正涉入深水区，沙场仍将秋点兵。

改革是利益的博弈。一方面观察家和经营者疾呼非改不可，另一方面相关利益者瞻前顾后，疑虑重重。知我者谓我心忧，不知我者谓我何求，事非经过不知难。由于中央财政和各级主管单位，充分安排资金，专门提供保障，一一化解了沉重的置换成本，消除了阻力，令清产核资、核销事业编制、注销事业法人、参加社会保险、进行工商登记等改制程序，顺利完成，从而将改革推进到新阶段。

从事业到企业，虽然不是所谓触及灵魂深处的革命，却是一次具有长远意义的身份转换。没有转企改制，就不可能建立真正的退出机制，就不可能有跨地区、跨媒体、跨行业、跨所有制的兼并重组的实质上的成功，就不可能实现传媒资产的整体上市，就不可能让社会资本的投入具有安全感。只有卸下事业单位的壳子，才能打开市场想象力的窗口。

从财政断乳汁到体制断血缘，尽管是水到渠成，也未必能立竿见影。转企改制不能确保每一个吃螃蟹者无往而不胜，市场无情，必然将有相当多的企业被淘汰，但是，也将有更多的新生力量可能涌现，也将有真正的巨无霸于焉诞生。麻雀即使变不了凤凰，茧蛹却可化为蝴蝶。北京歌华有线、上海东方传媒、江苏凤凰出版等，都加入了总资产和总收入“双百亿元”俱乐部。预期在令人眼花缭乱的资本运作后，还将有更多这样的豪门出现。

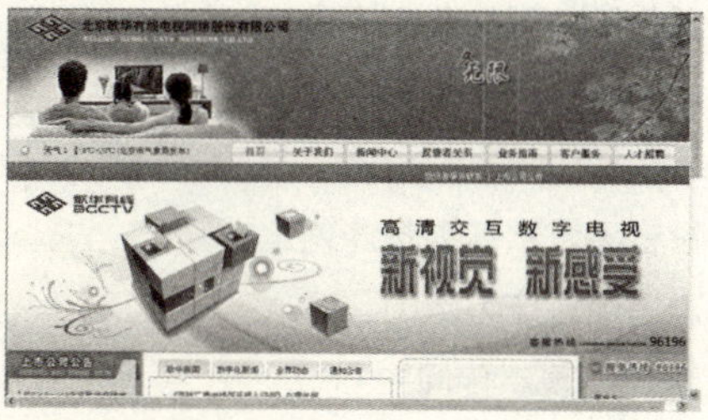

抛弃中国独有的“事业单位”身份，将特殊的依附关系切断，将政府的无限责任厘清，正主体之本，清产业之源，是传媒市场化以来迈过的又一道门槛。这一路已行走了

数年之久，现在不过是踏上了新的起点。不改革必然进入死胡同，但是改革后还须继续发展，否则就是一个翻牌公司，光明的前途依然可能化为崎岖的山路。

基金出马

8月，上海东方传媒集团有限公司旗下的华人文化产业投资基金（CMC）与传媒大鳄新闻集团签署协议，获得了原属新闻集团全资拥有的星空卫视普通话频道、星空国际频道、Channel [V] 音乐频道，以及星空华语电影片库业务的控股权。具有中国气派的战略投资者一石四鸟，浮出水面。

作为私募股权基金，华人文化产业投资基金的出资人还包括文新集团、国家开发银行、上海大众、招商局等，基金规模50亿元，重点投资娱乐和传媒行业。在国内，已有10多个省市设立了类似的投资基金或投资公司，如中国炎帝发展基金、泛城文化创意产业基金等。上海、深圳更成立文化产权交易所，培育要素市场，加速要素流动。

文化产业是高投入、高回报、高风险的产业，对资本具有极强的需求和依赖性。在国际上，各类公募私募基金或基金会的扶助，是文化产业不可或缺的一环。在美国，除了联邦政府投资，吸收各大企业、基金会和个人捐助外，风险投资和华尔街的各种金融工具也十分发达。有实力的传媒集团如ABC、CBS等，背后都有金融财团的身影。英国曾用过发行国家彩票的办法来筹集文化基金，鼓励国民支持文化事业。在日本，几乎所有的一流大型企业都以各种形式支持、参与文化活动，视之为改善企业形象的不二法门。加拿大政府同样大力注资并吸纳社会资金，建立各类文化基金，在逆境中发展文化产业，抵御美国的“文化入侵”，颇见成效。我国文化类基金的涌现，正合其时。

华人文化产业投资基金与新闻集团的合作，标志着跨国传媒中国战略的较为彻底的转向。一方面，中国在一直不停地学习西方的先进技术和管理经验；另一方面，跨国传媒也在不断调整自己以适应中国市场。杨花落尽子规啼，从时代华纳、贝塔斯曼、星空传媒的大举收缩，到谷歌左迁香港，再到此次的歃血为盟，市场依然是明日的市场，中国已不是昔日的中国，对手忽然是可怕的对手。

其实，老默多克的长袖善舞，正体现在战略和投资上。默多克资产遍布美英澳日印，依靠超强的投资能力和卓越的绩效，搭建了庞大帝国，这一点也是中国传媒和传媒人的软肋。基金出马，让曙光初现。传闻中CMC

对 TVB 的竞购，无论成败，总要有一个开始。

客观地说，国内传媒与跨国传媒的差距，要比想象的大，但是缩短这一差距，没有想象的难。2003 年，我国图书版权进出口比例为 9：1，2009 年已下降为 3.3：1。资本来到世间，一旦成脱缰的野马，也可一日千里。

能人上位

9 月，世界冠军、剑桥博士、北京申奥大使、共青团北京市委副书记邓亚萍，调任人民日报社副秘书长、人民搜索网络公司总经理。此前资本运作高手吴征从幕后走上酷 6 传媒的前台，不过是波诡云谲的商场情景剧中的一次闪回。具有非凡拼搏精神、不俗口碑和国际影响力的邓亚萍的履新，则让人耳目一新。

如果说邓亚萍的传奇带有个人色彩，那么其他标志着开放中国大获成功的各种元素，则正在被更为广泛地运用。在汶川后，在北京奥运会后，在沉着应对国际金融危机后，国外媒体对中国的报道，还会有俯视，还间有轻视，但是重视也多了，平视也多了。而国内对外的柔性诉求、公共外交等手段，也得以大量应用。国家形象、传媒形象、企业形象，成为国家发展和事业进步的助推器。相比于古老的四大发明、万里长城，大约没有比政治、经济、文化、体育界的精英，如姚明、郎朗等，能更生动地代表当代中国的形象了。

除了在国际上推出广告以传播国家形象外，做大做强中国的媒体，打破西方的话语霸权，才能做到攻守相宜。去年底中国网络电视台（CNTV）的上线，今年初中国新华新闻电视网（CNC）的上星，直接改善了媒体国家队的硬实力水平。不过，软实力仍需要提升。中国传媒要走出去，中国传媒要革故鼎新，就要引入新人、新技术、新的游戏规则，就要打破传统的功能界别，能者上，庸者下，而不是一成不变。可以毫不夸张地说，体制内并不缺少英才，可能缺少的是发现，需要解放，不拘一格地用起来。

在搜索引擎市场上，李彦宏、张朝阳等海龟遍地。对于被寄予厚望的人民搜索，以及新华社与中移动合作成立的移动搜索公司而言，品牌形象与技术、市场一样重要。你可以不成功，但是你不能不具有成长的资质。这也是撬开资本市场的一把金钥匙。

国民并进

8月，新华网A股上市计划获中宣部批准。与此同时，人民网、央视网、千龙网、北方网、东方网、大众网、浙江在线、华声在线、四川在线等9家媒体网站，也计划登陆A股市场，以缩小与民营互联网上市公司之间的鸿沟。

在国内网民数超过4.2亿，手机用户超过8亿的大背景下，数字化潮流浩浩荡荡，锐不可当。据新生代的研究数据显示，传统媒体在我国高端人群中的影响力持续减弱。报纸在34岁以下人群和高学历人群中的到达率逐年下降。电视稍好一些，在多数人群中的到达率仍居高不下，但是互联网、手机和生活接触点媒体，已成为中高收入、中高学历群体中影响力最大的媒体。数字化有多远，未来就有多远。无论国有媒体，还是民营媒体，都不会也不能漠视这一现实。

自1993年互联网主流化以来，传媒业的“种群生态”骤然变化。人们习见的具有工业化时代特征的媒体，尤其是数量不多、效益不差、节律不变的传统报刊广播电视，迅速被海量的网络应用所吞噬。恐龙一代行将消逝，新的媒体生命正在疯长。

在互联网市场上，国家“放水养鱼”的政策助长了民营或股份制企业的先动优势。例如为人诟病但业绩惊人的腾讯，其全业务经营模式覆盖了网络、移动和线下，其战略联盟涵盖通讯公司、媒体和金融机构，其投资商具南非、印度、越南、俄罗斯等国际背景，尽管年市场增长率已降至30%左右，不出意外的话，它发力并称雄国际市场似乎仅是个时间问题。但是民营媒体在传统市场尚没有竞争力，例如盛大，2001年凭借网游《传奇》一炮而红后，一度醉心于打造全方位娱乐帝国，推出盛大盒子，希望用互联网内容占领客厅，这场轰轰烈烈的实验在2005年以失败告终，不得不舍却“泛家庭”战略，继续聚焦于年轻用户群，一心谋划新媒体。

由于新媒体存在着广阔的空间，国、民并进是完全可能的。民营媒体的状况千差万别，即使上市公司也有不少薄弱环节。例如，视频网站的盈利一直是业内关注的热点，已分别融资1.35亿美元和1.1亿美元的土豆网与优酷网，至今尚未盈利。这种单一的广告收入模式无法支撑网站巨额带宽、内容支出的难题，同样是国有媒体网站需要破解的困局。

除了休克疗法一类的激进手段外，制度的改革与创新不是一朝一夕形成的。“媒介军师”喻国明教授认为，渐进改革和“小步快走”是我国传媒制度变革的基本方式，即通过不变或微调的存量来支撑现状和现实关系的稳定，通过增量的发展和突破来使整个社会结构、产业结构适应时代发展的要求（见《广告大观·综合版》2008年第11期）。这可以大致勾勒出风云激荡的变革岁月的轮廓。

值得一提的是，对存量的持续不断的微调，累积起来已相当可观。特别是2003年文改启动之后，从“三贴近”到将百姓满意不满意作为最高标准，再到信息公开等法律法规的健全，以及在媒介所有制层面推动转企和上市，增量扩张＋存量调整的“双头鹰”特征愈益明显。

虽然披荆斩棘，不乏曲折迂回，可以说文改八年，春风化雨，制度创新，卓然有成。

（作者系暨南大学新闻与传播学院教授、北京大学管理学博士后）

升级的是美丽的力量
——南都娱乐改版的收获与思考

□王赞媚

王赞媚

2009年8月，南方都市报娱乐版酝酿全面改版升级，历经两个多月反复修改打磨，同年10月正式推出。这次改版，力度之大，改动之全面，为多年来的首次，而改版从一开始的备受争议和不理解，到误解消除争议平息，再到越来越多的喜爱和接受，甚至影响到读者对娱乐版阅读惯性的改变，都具有特别的意义。

一、背景

2000年，国内所有日报的娱乐版面基本上仅有2-3个版，内容大多是摘抄港台报纸消息加一些本地资讯，而南方都市报娱乐版已经拥有每天10个版的傲人规模，一支国内一流的娱乐采编队伍，报道范围横跨内地港台国际。当时，南都娱乐响亮地喊出"娱乐之巅"的口号，也形成了自己独特的办报理念："娱乐是我们社会生活中一个非常庞大的产业，其运作与汽车工业、钢铁工业相比，在产业形态、经济价值上完全没有区别，同时娱乐产业还要承担精神产品的生产。《南方都市报》关注明星8小时以内的事情，远远多于8小时之外的事情。这里的8小时，说的是明星的工作。我们要告诉读者，明星在参与娱乐产品生产过程中，做了些什么，做得怎么样。这应该是我们关心的东西，也是娱乐产业最应该突出的东西。"

9年后，南都娱乐全面改版迎来争议，是可以预料到的。这次改版，从新闻产品的角度来看，是一次从内容到形式的全新改进和包装；从精神内核的角度来说，是对娱乐报道理念的重新思考和定位。过去的成功和辉煌，在改革时往往会变成为一种制约，将曾经取得巨大成功的版面模式打破重来，难免会遇到抵触和不理解。但反对者没能看到的实质问题在于：如果抱着旧有的成功模式不放，只在原有的基础上小修小补，小打小闹，那便失去了改版的意义，也远离了我们对“娱乐之巅”的追求。

对“娱乐之巅”的追求，有两个层次：一是新闻报道、版面呈现的领先水平；二是对娱乐产业的影响力和话语权。第一个层次上，南方都市报娱乐版历经10年的发展后，依然保有一定优势。在第二个层面上，作为南方都市报娱乐版的愿景，它应该是中国娱乐行业话语权主导权的一分子，它应该具有影响这个产业的力量！距这样的目标，我们还差得远。

全面改版，是这两个层次的需求决定的；反过来，改版的核心理念和模式，也反映了这两个层次的制胜之道。在这两个层次的领先，必然要求开创性的娱乐报道模式。

二、定位

一名南都记者曾将娱乐版的独特魅力定义为“手无寸铁，只有美丽！”

南都娱乐此次重装上阵，升级改版，升级的是美丽的力量、笑容满面

B02-03
娱乐新闻·花港观娱
高考作文 看图说话

的力量和雅俗共赏的力量。

南都娱乐是一张大众日报的一部分，而历年来报社做的读者调查显示，娱乐版一直是南方都市报读者阅读率最高，也是拥有读者层次最广泛的版面。不同层次的读者，对娱乐版有不同的期待和需求。将娱乐视为放松和消遣的读者，希望得到轻松愉悦的声色之娱，看看美女帅哥、八卦花边以供日常谈资；将娱乐视为有益新闻的读者，则希望看到优质娱乐作品的推荐，有营养的专题报道和有见地的评论。

B08 娱乐新闻·娱音绕梁 南方都市报

黄渤语录，笑死个小舅子？

这是娱乐新闻与其他新闻的不同之处。无论时政新闻、社会新闻、体育新闻、或生活杂志，目标读者相对集中，版面功能轻重分明。而娱乐新闻需要满足最大的读者跨度，让对娱乐版期望南辕北辙的读者，都能够在每天的版面报道中各取所需，获得享受。

要做到这一点，是一个很大的挑战，对采编团队的素质和能力，对版面和报道的定位与布局，媒体本身的质量和容量，要求都非常高，如果本身能力不够，很容易变成吃力不讨好，两头不到岸。因此娱乐媒体中，真正做到满足各种各样读者的，少之又少，更多的是在雅与俗、重与轻中，只取其一端，而放弃另一部分的读者。南都娱乐，也曾步入这样的误区。此次娱乐改版的幕后推动者、南方都市报执行总编辑庄慎之指出："南方都市报娱乐版一度的成功，一度制造的所谓'高端'，在相当长的时间内成为了自己的包袱，一度甚至钻入满足小众口味的胡同，以至于忘却了娱乐的本相，也失去了改变的能量。"

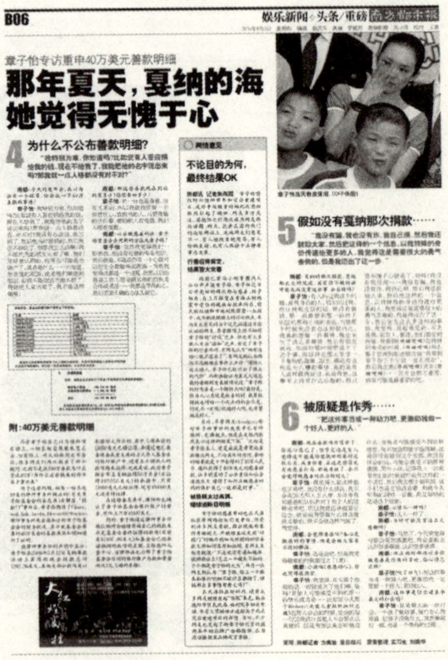
B06 娱乐新闻·头条/重磅 南方都市报

章子怡专访重申40万美元善款明细

那年夏天，戛纳的海 她觉得无愧于心

4 为什么不公布善款明细？

5 假如没有戛纳那次捐款……

6 被质疑是作秀

附：40万美元善款明细

武侠小说中，武林高手一旦获得深厚

的内力，就能够轻松地完成他人苦练多年都做不好的高难度动作。实现对读者尽可能的“通杀”，在娱乐报道中寻求雅俗共赏、轻重得宜的新的着力点，是一个高难度动作，而南方都市报娱乐版经过多年的磨练，已储备了足够深厚的内力。南方都市报是一份在国内拥有广泛影响力的大众日报，每天有十数个版的娱乐报道量，同时具备很好的娱乐报道资源和基础，采编团队也具备足够的专业水准，完全可以实现这样的读者广度要求，做好这个高难度动作。用庄慎之的话来说，“要占据的是娱乐的制高点，而不单单是占据娱乐的‘至高点’。”改版总指挥、南方都市报副总编辑崔向红则将改版目标明晰为“立足独家策划、独家报道和观点输出三大优势项目的同时，打造悦读体验，打破条线框框，弘扬娱乐精神。”

娱乐&副刊 B

黄韵玲&五月天，有陈淑桦&罗大佑，无

遨您和陈Sir同看电影版“焦点访谈”

赵薇没想过移民新加坡

为亚运加油!

杨澜让她早出生了20年……

刘烨得子诸一，“长得特别漂亮”

羽·泉大转型，变身主持人

三、布局

在此定位下，南方都市报娱乐版进行了大胆的布局。

B04-05

“大冒险家”张伟平首谈《山楂树之恋》：群众基础+张艺谋品牌=文艺大片

冒险的营销：不开发布会不公布档期，“无招”胜“有招”

首先，娱乐封面推翻了南都率先开创并沿用近10年的海报式大图大导读模式，强调主页速览功能，变身为娱情速递室，重磅导读下设立星相、星作、星情、星声等分区，每个区纳入多条100字以内的娱乐快报，内容包括内页里有和没有的、所有当天娱乐新闻的重要消息。要达到的目的是：读者拿到每天的B叠，扫视完封面，不用看内页就知道今天娱乐发生的所有事情。

轻快丰富，是封面的第一印象，但并非封面的全部。右栏设头条娱论，将南都观点第一时间传递给读者，亦显示南都对娱乐焦点事件、焦点作品评判的高度和分量，令封面轻中有重，重中有轻。

同时，封面鲜明地打出全娱乐的旗号，并打上番茄网的网址和导读专区，从而将南方都市报娱乐清晰定义为南都全媒体战略下的全娱乐的一部分，展现长远战略眼光，因为娱乐之巅的目标，并非靠单兵作战去达成。改版的目的之一，就是通过精心布局，推动南方都市报娱乐版与番茄网的导读互动，与南都娱乐周刊的资源互通，并与华语电影传媒大奖及华语音乐传媒大奖的业界影响力互为依托，整合南都全娱乐，成为更有分量的一个整体。

第二，把二、三版改成两大版图片版，定名为花港观娱，在花色美景中看娱乐，牢牢锁住眼球。打破了以名家专栏和重点专题打头的惯例格局，令读者翻开封面后，开门见“色”，以轻浅、惊艳、妙趣为娱乐内页之首。大胆舍弃南都首创、已有 6 年历史的品牌栏目娱乐大手笔专栏版；将展现南都独家报道和独家策划优势的重点专题版改名为“头条 / 重磅”版，放于花港观娱版之后。娱乐内页以重打头的原有布局也随之改为由轻而重，由浅入深。

第三，开设“娱音绕梁”栏目，发掘并集合娱乐新闻中各种各样有趣或有价值的声音，予以分类，同时体现编辑的判断、想法、幽默感和设计感。在重点专题版之后，承接以轻巧的乐趣和放松。同时，设置调查栏目，通过与番茄网的资源互通、相互依托，实现与读者更好的互动。

第四，改变电影、电视、音乐分版操作，打破条线和框框，按“热门”

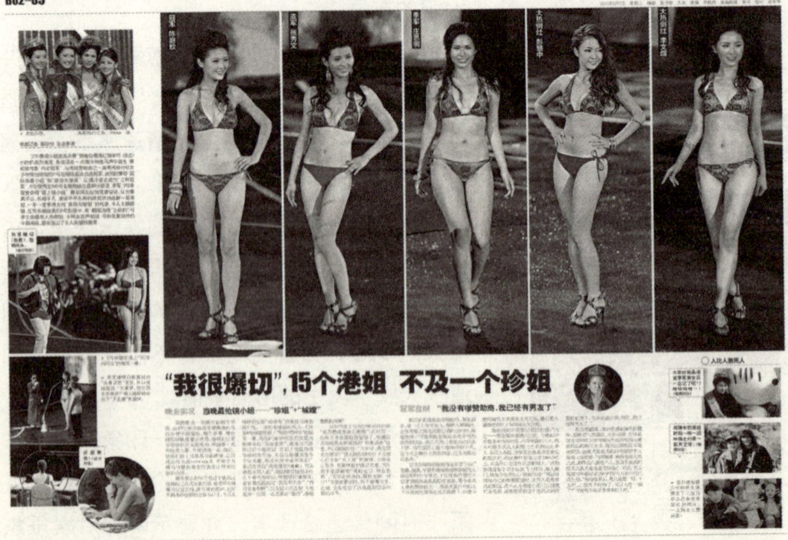
B02–03 娱乐新闻·花港观娱

“我很爆切”，15个港姐 不及一个珍姐

当晚最抢镜小姐——“珍姐”+“城嫂”

“我没有嗲赞助商，我已经有男友了”

人比人激死人

和“冷门”的新分类，让本来以影、视、歌分类的众多报道在一个平台上PK，呈现更明显的指引和服务性，加强编辑对版面的主持作用，让记者和编辑在挖掘选题时能更加有的放矢，鼓励采编在报道热门作品及人物的同时，发现和挖掘相对冷门但有价值的选题。这是南都娱乐专业理念的再升级，强调判断、鉴赏力和呈现作品之美并引导读者静心欣赏的能力。而与新闻内容相关的片花、歌曲、MV等，加以番茄网视频音频地址链接，实现让娱乐新闻可听可看。

第五，将明星8小时外新闻版面改以主持人播报形式，定名为“星闻联播”，摆脱严肃的面孔和端着的态度，用有趣放得开的方式，来做此类新闻。这个版以主持人形式，夹叙夹议，亦庄亦谐地引导读者阅读，以花枝招展的外表和有原则的内心，充分发挥此类星闻广受大众欢迎的魅力，同时强调判断、分析和引导式的解读，用富有趣味的手段，有原则地切入，而不是一味迎合眼球和点击率。

改版后，南方都市报娱乐版序布局依次为：封面－花港观娱－头条/重磅－娱音绕梁－热门/冷门－星闻联播。从节奏来看，可以粗浅地理解为轻＋重—轻—重—轻—重—轻或浅＋深—浅—深—浅—深—浅，达成轻重得宜的版面格局和多层次需求的满足。

同时，为了支持这一体系，在南方都市报娱乐采编团队，尤其是“采”这一方面，也精心部署了布局支持。传统上，娱乐记者按分线的方式来划定各人负责报道的范围，电影记者以电影公司分线，电视记者以电视台分线，音乐记者以内地港台区域分线。这一方式的好处在于分工明确、权责分明，不足在于各记者只管自己的一亩三分地，彼此井水不犯河水。以南方都市报娱乐的愿景来衡量，仅靠记者单兵作战，短期来看仍能够取得一定成绩，长远来看，这样的布局支持便显得薄弱。因此，我们在原有的分线基础上，设置电影电视音乐的小组运作模式，并在北京上海香港三个娱乐重镇设立记者站，抢占前沿阵地。各小组由组长统筹带动重点工作，编辑参与会议共同出谋划策，部门每月回顾并公布各组重点突破成绩及总结得失，令各条战线重点明确，分工合作，真正实现攻城略地，各个突破。

四、改变

南方都市报娱乐改版隆重推出后的一段时间内，从改版本身到读者，都经历了一个调整和改变的过程。

娱乐改版推出初期，受到广告的极大冲击，导致版面只见细碎和轻浅，重和精被切割和压缩，加上采编团队当时对改版精神的理解和执行尚有偏差，整体布局难以呈现出应有的效果。很多读者感到不适应，对改版方向产生误解，出现了种种争议的声音。此时，编委会毅然拍板，特批 B 叠广告达 40% 以上即扩版。在这样的大力支持下，改版逐步调整和完善，整体布局和呈现日益丰富和丰满，而读者的误解也得以消除，质疑逐渐平息。再接下来，随着采编团队对改版精神的进一步领悟，对全与精的协调，轻与重的权衡，改与留的分寸，日益接近改版的内核，而改版布局中，寻求雅俗共赏、轻重得宜着力点的细微精妙之处也得以呈现。

重之巩固：获得报社的版面政策支持后，头条 / 重磅版面开始发力，连续出品具有影响力的重磅专题，独家报道。改版一个月后，娱乐版进一步推出娱乐品鉴周刊，每周六出品一期立足于 8 小时内的娱乐深度专题，首月便推出 TVB 剧 30 年三板斧、唱片消亡记、蜗居残酷现实等深度报道，与日常版的头条 / 重磅相呼应，并互为补充，显示出南都娱乐在专业和深度理念上进一步加大力度，并做更多层次的挖掘和呈现。

在改版推出初期，南都娱乐一度遭到最普遍的误解是抛弃了专业和深度的理念，被猜测要走“碎片化娱乐”路线，连电影业内大佬张伟平也曾经因为“看不懂”，而来打听：“你们是不是改变方向了”，而到今年 5 月，他已经认同并放心地将关于《山楂树之恋》的独家专访权交给了南方都市报。业界从怀疑、观望到信任的转变，来自于改版以来头条 / 重磅版能够连续推出够分量，够专业，领先全国的专题报道。

举例而言，在 2009 年贺岁档大战中，南方都市报以香港导演陈德森费时 10 年历尽波折终于拍成《十月围城》的故事为切入口，推出独家报道《十年一觉围城梦》，做出了娱乐报道中难得的沧桑感。从去年年底到今年年初，香港 TVB 电视台连续发生了知名演员“大闰生”陈鸿烈在片场猝死，以及高层陈志云被廉政公署拘留调查等轰动新闻，引起外界对香港电视从业人员的强烈关注，南方都市报经历数月调查，于今年 3 月推出独家调查报道《香港电视人生存现状调查》，无论专题立意、调查深度、文本质量，均极具分量和影响力。改版至今，无论是普通读者还是业内人士，都已经能够看到南方都市报娱乐依然坚守 8 小时之内的精兵投入、重磅出击，并且力度更大，只是在布局上由浅入深，与新的着力方式相匹配。

轻之开拓：娱乐中的轻和浅，往往被简单地理解为明星隐私和桃色新闻，甚至狗仔报道。南都娱乐改版的一大成功之处，在于拓宽了轻和浅的定义和视野，呈现多种不同的浅形式，浅内容，多方位地挖掘出娱乐的乐趣。

比如花港观娱版，并不以性感暴露之俗为招徕手段，而是用美和趣味抓住眼球，图片内容既有美色，亦有大气，甚至是时政社会图片的娱乐解读，或娱乐图片的时事解读，活泼灵动，姿态万千。表现出这种风格和吸引力的优秀版面不胜枚数，。试举几例：《高考作文，看图说话》以各省高考作文题目串起当天娱乐图片，异想天开却又巧妙贴切；《穿华丽睡衣，走潇洒我路》以娱乐图片调侃上海严打睡衣党行动，趣味横生；《15 个港姐不及一个珍姐》重现港姐决赛现场，图靓话题辣。

又如娱音绕梁版，集纳娱乐新闻中的金句妙语，与窥秘八卦无关，却自有妙趣。其中的官话栏目，选择管理机构的规章指令登出，不加一字评语，即能令人看出其中的黑色幽默，发出会心一笑。设立以来，这个新版面曾挖掘出《三国》台词争议的话题，曾捧出新一代金句王黄渤，令人笑容满面。

惯性之改变：改版初期，读者对新版娱乐封面的不习惯，不适应，是在所有版面中反应最强烈的，这也说明了娱乐封面改头换面之彻底。而随着时间的推移，读者对封面态度的改变也最大。许多读者反映，已经习惯了每天将娱乐封面一字不落地细细读完。这种阅读习惯的改变，是经过精心设计刻意引领的。

南都娱乐当年首创的大海报式封面，曾因惊艳的版面呈现抢足眼球，获得读者的称道和喜爱。而随着时间推移，经过多次扩版和改版，今时今日的南方都市报，已经成为一份每天版面量高达 100 多版的日报，除了有 A1 叠封面担当整份的报纸销售橱窗，从 A3 版开始，还有 2 至 4 个版的主页版对各叠重要新闻进行速览导读式推荐，此外，报摊上还会挂出一份特

别制作的海报，以当日南方都市报最精彩的新闻和图片抢足眼球。因此，从专业技术分工来分析，南方都市报如今的内叠封面，已经不再需要承担吸引眼球的功能，它已经可以跳脱开这个“历史任务”，向新的领域出发，寻求更大的发挥空间。

国外报纸调查显示，读者在翻阅报纸时，对常规新闻往往只扫视标题及第一段。后面的文字几乎没有被人阅读，它们占据的篇幅空间实际上被浪费掉了。娱乐封面改版后的快报形式，在缩减报道篇幅的同时，保证了阅读率的不浪费，真正扩大了资讯容量，对于普通读者来说，这样一个版甚至可以达到10个常规版面的实际阅读量。加上头条娱论，以及番茄网的导读互动，一个封面完成的工作和承担的功能，堪称惊人。这在改版过程中，不仅给读者带来了阅读惯性的改变，也给采编团队以许多启示。日报娱乐版常对新媒体无限大的空间容量感到羡慕嫉妒，而南方都市报娱乐新版封面却证明了：报纸的版面虽然有限，却有着无限可能性。

五、小结

南都娱乐改版，是一次彻底的改头换面，目的是满足最大的读者跨度，在坚持专业和深度理念的基础上，寻求雅俗共赏，深浅得宜的新的着力点。在力求全的同时，以精制胜；以精为长的同时，以全为辅。

改版推出后，经历了初期未能充分展现布局效果，到逐渐丰富和丰满，再到日益贴近核心精神的过程。读者也从不适应，到误解消除，再到接受和欣赏。

从步入误区到认清娱乐本相，从满足于高端到打造老少咸宜、雅俗共赏的跨度和布局，南都娱乐在此次升级改版中，重新寻获令自己、也令读者笑容满面的力量。这次改版，也是一次整合南都全娱乐的战略行动，通过精心布局，推动南方都市报娱乐版与南都娱乐周刊、番茄网、华语电影传媒大奖、华语音乐传媒大奖等互为依托，成为南都娱乐报道更有分量的一个整体，从而向娱乐之巅迈出坚实的一步。

（作者系南方都市报娱乐新闻部主任）

主编视野

主编视野

热词·故事·内幕·观点
——新闻月刊靠什么吸引读者

□朱学东

朱学东

做杂志难还是做报纸难?

做周刊难还是做月刊难?

某天跟《南都周刊》许庆亮、《时尚先生》钭江明和《财经》罗昌平一起聊到了这个话题。他们三位都先是做日报而后做杂志的，许说周刊难做，钭说月刊比日报还忙，做日报，最是容易。

我没做过日报，评论不权威。不过，我确实认为，做月刊最难。

尤其是我现在做的《中国周刊》。

这可不是屁股决定脑袋。

自我做杂志起，时间不长，但在业内也算得上见多识广，阅历颇丰了。

不过，像我如今做《中国周刊》，却有从未遇见过的尴尬。

内容方面的难受姑且不说了，单就出版周期而言，形格势禁，虽名为周刊，出的却是月刊。名不正，则言不顺。

撇开月刊单位营销成本远远高出周刊、双周刊不说，单就月刊的内容操作而言，更是要命的问题。

《中国周刊》当时的定位，如今虽然有所调整，但我们依然相信，早晚有一天，我们会名正言顺的。所以，即便几经磨难，《中国周刊》在内容定位上，依然明确做接近综合性新闻的杂志。

一本月刊，在网络和即时信息传播时代，在重大时政和社会新闻被严格要求的环境中，要做一本类新闻杂志，在很多人看来是天方夜谭。

不过，在夹缝之中，《中国周刊》逐渐找到了一条自己适应环境的内容制造道路。

那就是回到对个体命运的解读上。

我们总结是，既然有诸多不便，还不如明确绕开那些框框，绕开时政的种种敏感话题，回到对大变革时代个体命运的解读上，那些人，那些企业，那些城市，那些村庄，他们的命运沉浮，其实与政治经济社会等紧密关联；在他们的故事中，我们也能读到自己的影子，自己可能类似或相反的命运。因为，我们相信，唯有个体的成长，才有社会国家的进步和成长；唯有鲜活的个体，才能折射活的中国的命运。

实践证明，这条路，正被越来越多的读者和客户所接受。

也许，坚持下去，在即时传播时代，也未必不会是通幽之曲径呢。

那么，目前，《中国周刊》是如何做新闻月刊呢？

在具体操作中，一本受市场欢迎的杂志，必须包含有四个关键词：热词＋故事＋内幕＋观点。当然，这四个词，也会有重叠。

一、热词

热词，是对一段时间内众所关注的热点新闻、重大新闻的概括性提炼。

从最初遭遇挫折之后，对热词的过度反应，到现在热词成为《中国周刊》

每期杂志的评判标准，我们也是经过很多历练的。

做新闻月刊，首先遭遇的，是如何解决热词问题，即新闻的时效性问题。

网络和报纸最容易解决新闻时效性问题，所以，操作最简单。

新闻性周刊周报双周刊，也容易，中国地大事多，出版周期长一些，更容易操作深度报道，这曾是杂志胜过报纸的法宝（不过，现在一些报纸也花大力气去做了）。

对于目前尚是月刊的《中国周刊》而言，对重大新闻、热点话题，以月刊为由，不触碰，不呈现，势必被边缘化。对于一本有志于做主流杂志的刊物而言，重大事件不缺位，不仅是市场的要求，更是其内在的价值追求。

但如何在一个月之后，在经过报纸、网络、周刊的过度曝光之后，还具备阅读价值，这是个技术性挑战。

而且，正面的切入，除了出版周期这个技术性问题之外，还有出版环境的要求。个中之味，外人难以体会。

这也是我认为做月刊最难的最大理由。

今年以来，中国周刊编辑部逐渐形成了自己的热词操作模式。

舟曲泥石流之后，我曾与一位同行有过一次交流，他对我们月刊做舟曲很惊讶，因为，在我们的记者还在舟曲的时候，媒体上关于舟曲的报道，已经铺天盖地过了一轮。但是，中国周刊编辑部根据自己的判断，还是安排了与舟曲有关的选题，筹备文字和图片报道。

《中国周刊》记者田乾峰，在舟曲呆了很多天，写了篇文章《舟曲记忆》，切入的角度，看似平淡、朴实，但到目前为止，我没有在其他媒体上看到写得更好的。

虽然该篇报道最后未能出街面世，但这种关于个体命运的报道模式，既考虑了热词舟曲，又顾及了出版周期的压力，对于《中国周刊》而言，已经操作了很多次。

例如紫砂风波下的宜兴、被紫金矿业改变的上杭、小龙虾疑云下的盱眙，等等。

富士康跳楼事件发生后，很多媒体做了报道。对于珠三角民工的命运关注，成为当时的热词。这方面的报道，《中国周刊》选择了一个非常规性的报道路线，找到了在珠三角已经打工十年并且已经成为广东省人大代表的郑小琼女士，由她自己把在珠三角十年之路口述出来，其作为亲历者的个体感受带给人的震撼，远超过卧底记者或者旁观者的文章。遗憾的是，也未能在《中国周刊》面世。最后，《新京报》刊发了两个整版。

目前，对于《中国周刊》的封面报道，从海南往事（海南）、改变未来的世博会（世博）、地产爱足球（世界杯）、中国私人飞机调查（私人飞机）、电影人在逐利时代（张艺谋、电影），等等，热词是选择封面报道的基调。

最多，也就是热词冷操作。

二、故事

中国什么杂志卖得最好？

《知音》、《故事会》等，是中国卖得最好的杂志。

2006年我去《南风窗》前，朱德付赠我南下锦囊计，就是让《南风窗》学会讲故事。在《南风窗》，我没有做到这一点。

但在《中国周刊》，自筹备起，学会讲故事，学会高度文学性的表达，一直是《中国周刊》编辑们的"宪法"。

从杂志传播的效果看，故事化的叙述传播，比单纯的观点性表达，更能打动人，吸引更多受众，这一点，好莱坞已经给我们树立了榜样。

另一方面，在当下的环境中，通过故事传播价值观，不仅更有效，也更安全。

什么样的故事最能打动人？

人皆有猎奇之心。所以，带有传奇色彩的故事，往往能够吸引很多读者，而且，越传奇越好。

但在现代社会里，传奇色彩的故事已经很难挖掘，尤其在新闻报道的对象身上，往往被充分曝光，所以，寻找俞敏洪这样有传奇色彩的报道对象，已经成了杂志很大的挑战。

故事缺少了传奇色彩，报道就要另辟蹊径。

还有一种东西，能够比传奇故事更打动人，那就是关于人性的解读。大变革时代，人在命运沉浮跌荡中，在艰难地抉择面前，如何葆有人性，呈现人性的温暖与光辉，这样的故事，同样能触动读者心中最柔软的地方。

不管如何，找到故事，讲好故事，是做杂志的基本功，尤其是月刊的基本功。

三、爆料

一个共识是，批评性报道，是一份报纸一本杂志，迅速建立影响力的主要途径。

一件事情发生了，成为了新闻热点之后，人们对于这件事缘何发生，背后的秘辛，它将走向何处，每个环节，人们都是极其地关心。

这一过程，独家的内幕爆料，是有绝对的震撼力和影响力的。这也是每个媒体孜孜以求的。这里也就不谈了。

倒是应该看到，社会转型时期的中国社会，绝对不会缺少重大新闻事件，更不会缺少有料的内幕。

因此，更应该注意的，倒是面对特殊的要求时，如何以时间换空间，或者以空间换时间，颇值得检讨。我们在这一点上，很是不够。

四、观点

观点是一本主流杂志的灵魂，它代表这本杂志的立场。

最有影响的观点性杂志，莫过于《经济学人》了。相比于其他新闻杂志遭遇的新媒体困境，《经济学人》依然保持着高速成长。这恐怕与它为读者提供的判断有很大的关系。

一本杂志的观点，首先体现在这本杂志整体的价值判断上。这种价值判断，是办刊的宗旨，是杂志的追求。

我一直认为，杂志传播的是生活方式和价值观，而生活方式背后，也是价值观。

有什么样的价值观，就会选择什么样的选题；同样，选题和作者的选择，也呈现了这本杂志的价值追求。

价值判断紊乱的杂志，在内容和作者的选择上，一定会遭遇自相矛盾的困境。

故事性选题、爆料性选题，在操作过程中，价值判断其实已经隐匿其中了。更为直接的价值判断，体现在杂志的观点性文章中，在《中国周刊》，就是那些观察和评论的栏目。

从《中国周刊》创办起，我一直希望，中国周刊能够在言论上高举高打，最终超越我曾经服务的《南风窗》。

不过，实践中，因为某些原因，这一目标的实现，恐怕要大大延后了。但即便如此，《中国周刊》还是要有言论稿，要有直接的判断。

作为一本月刊，言论稿面临着报道稿同样的困境。因此，在具体操作言论稿时，编辑部确立了一个大方向，就是务必跳脱报纸时评版就事论事的风格，而要尽可能进行趋势性判断，即便从具体个案出发的评论，也要立足其普遍意义，在中观和宏观层面解读。

另外，在无法突破现有格局之下，尽可能通过对海外类似问题的解读，来为中国社会解决问题提供国际视野和参考。这既避免了谈国内问题过于空泛的毛病，也提供了解决问题的他山之石。

当然，这也是被逼出来的华山路。

目前，对于中国周刊而言，无论是在热词、故事、爆料和观点的路上，都还是刚刚起步，刚刚触摸到这个脉动，操作手法还很稚拙。

不过，既然找对了路，就不怕路远。坚定不移地走下去，相信随着时间迁移，随着队伍成熟，在这条路上的努力，一定会在社会和市场上，给中国周刊带来回报。

命运终究掌握在自己的手中。只要不放弃。

我始终坚信不移。

（作者系中国周刊总编辑）

编者按

在五光十色的媒体圈，任何一家优秀媒体星光耀眼和力量迸发的背后，一定有独特文化品质的积淀，有创新赢得未来的胆魄，更有百炼方能成钢的坚韧。这里头有很多不寻常的故事，东有很多很可爱的人。无疑，东莞报人是一个独特的群体。在残酷的市场竞争和沉郁的心灵突围中，他们的老总们常给员工撰写激昂深情的战斗檄文，数年下来，从不间断，俨然成了报业风景。今特选取东莞报业传媒集团执行总编辑周智琛近期书信一封，以飨读者。

东莞时报编辑记者在军训。

我们能患什么病
绝不能患什么病

□周智琛

周智琛

亲爱的兄弟姐妹：

多年以后，我也许还会记得自己写这封信的场景。

这是一个初秋的清晨。我按了下呼叫铃，恳请护士小姐把病房里栗色的小桌子和米黄色的皮椅挪到阳台来。我想呼吸山间的空气，想听屋外的鸟叫声，想在雾气弥漫的晨曦中给你们写信。

自8月17日入住康华医院以来，我每天按时接受检查、输液、吃药……日子过得无聊、艰难，但困扰我3年多的变异性咳嗽却有了较为彻底的治疗。

在医院里，养尊处优，生不如死。不能恣意说话，也不能即时和大家商讨工作，可心里总惦记着报纸，并随时感受报纸每天的呼吸。甚至说，这些日子里，我那些忽然的喜悦，忽然的悲伤，忽然的激动，都和报纸有关。这种心情很微妙，描述出来或许有痴言妄语的成分，却是我今天最想说的。

亲爱的战友，现在请闭上眼睛，想一想，从8月初到现在，你有哪一件作品让人印象深刻？我们的报纸有哪一件作品令人击节喝彩？

有吗？有！多吗？少！

这已是最乐观的回答，却也是最令我脸红的答案。

咱们中间肯定有不少人有这样的念想：这一切的颓唐，都是8月初那起报道事故所引发的连锁反应所致。

报纸现在这种缺乏血气的状态，当然与此事有关。从某种角度说，报纸有一种可怕的东西叫政治焦虑症。做报纸必讲导向，导向失序，牵一发而动全身，所有的事业都将面临严峻的挑战甚至是毁灭性的打击。

话说回来，8 月初那起事故之所以发生，是我们太幼稚、太麻痹、太自我的缘故。我们绝不能期期艾艾、怨天尤人，要从骨子里去参透做报纸的奥妙，而不是一味自我阉割、作茧自缚。

出现事故，遭到惩戒，其出发点是为了"防微杜渐"、"治病救人"，这多少有点像打预防针，不由得令人感慨。

这世上存在各种各样的"打针"方式。比如我，虽然过两天就要出院了，但是连日来打针，对针这东西着实有点儿阴影。生病打针，带来的反应几乎是两种极端，要么是越打越怕，要么是越打越麻木。这就跟办报一样，有人给"打针"，带来的一般也是两种极端的后果——要么怕了，要么麻木了。我们要想不怕、不麻木，就得比以往更理智、更坚强、更乐观。

我们心里都非常清楚，在未来艰苦卓绝的市场竞争中，不可能一点点事故都不出，这就跟人的生活一样，一辈子不得病是绝无可能的。但我们这支队伍，患什么病都不能要再患"幼稚病"、"心脏病"和"自闭症"了。

先说第一种病。两年多来，我们取得许多骄人的成绩，也犯过很多低级的幼稚病。有时是不明新闻的常理、有时是不识政治的大体、有时是不循市场的规律，几乎每隔半年，就要来一次"伤筋动骨"的幼稚病，循环往复，似成魔咒。

细细想来，幼稚病的根源在于责任心、智慧心、敬畏心不足。如果一个人常常如履薄冰、如临深渊；如果一个人深明现实叫人痛、信仰让人活，那还会常干蠢事、常趟浑水吗？

我们是一支锐利之师，绝不能把荒唐当有趣、把失范当有序、把浮躁当有理。

做报纸跟做人一样，需要有一种明亮而不刺眼的光芒。这种“不刺眼”，跟我们所倡导的新锐报格并无矛盾。只有非凡的剧痛才能锤炼人的尊严，只有百般的折腾才能激活人的能量。也只有当集体的力量以这样的姿态疾行于这个市场，我们智慧的野性才能爆发出最耀眼的光芒。

再说说心脏病。从医学的角度看，心脏病有六七种之多。一旦得了这种毛病，麻烦太多，甚至伤及生命。

首先是先天性心脏病，可能和母亲在怀孕早期的疾病或服用的药物有关，也可能与遗传有关。《东莞时报》作为一份地市级媒体，虽身陷囹圄，常有“在县城办省报”之恨，但我们这个报业军团应该算是中国地市媒体阵营里极有抱负、理想和策略的钢铁之师了。第二是后天性心脏病，其中的冠状动脉心脏病多为抽烟、糖尿病、高血压等引起，还有一种常见的高血压性心脏病，则是动脉性高血压、肺高压症所致。这种病及其病因加以想象，跟报业的后天性心脏病如出一辙，尤其在地市报业最为常见，我们最要防范、最要根治的也正是这种病。纵观国内报业，许许多多的同行曾经和我们一样，斗志昂扬、挥斥方道，但因了各种内外部因素，要么内部好

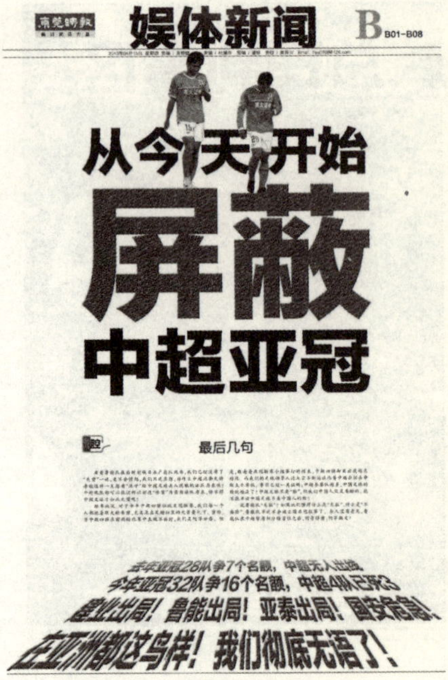
娱体新闻 B B01-B08
从今天开始
屏蔽
中超亚冠
最后几句
去年亚冠28队争7个名额，中超无人出线
今年亚冠32队争16个名额，中超4队已死3
建业出局！鲁能出局！亚泰出局，国安危急！
在亚洲都这鸟样！我们彻底无语了！

娱体新闻 B B01-B08
世界杯倒计时进入个位数
让你9天等了
悠着点冲刺

勇斗狠、好吃懒做，要么外部四体受制、八面漏雨，最终自己击败自己、自己吓坏自己，胆怯了、气馁了、屈服了，报业后天心脏病恶果可见一斑。

作为一支还属于创业阶段的团队，随时可能遭遇到“天灾人祸”，如果我们不能以百折不饶的心态面对纷纭世事，得心脏病是迟早的事。今年第一次报道事故发生于 4 月底，整个团队士气消沉了 1 个多月；8 月初事故再发生后，团队士气也受到影响，但比第一次好得多、坚强得多。这个景象就是团队逐渐成熟的表现，足以让我们自豪。

现在，我们除了尽快恢复全部机能之外，还得检视那些足以引发其它心脏病的所在，好让我们以刚健凶猛的身姿应对当下越来越恶劣的战斗！

亲爱的战友，我们没有麻衣看相的本事，对于未来，我们抵达理想的方式必须比很多同行更为灵巧、坚韧，而我们的报纸，在价值观混乱和人心浮躁的年代，要让读者多一份坚守的勇气和力量，那我们自己就得率先勇敢和坚持，以最入世的力量博弈世界，让人体会优秀报纸之魅。

我常常在想，我们为什么要如此搏命办报？说千道万，是因为我们身处一个充满了财富、机遇、野心、欲望和梦想的时代，我们必须证明自己！但这个过程，是相当辛苦的，尤其是创业，要饱受许许多多做梦也没能想到的困难，但也正是因为困难，才有坚持的必要。

前些日子，林华、丽涛和闪山到映秀去报道泥石流灾害。他们真诚敬

业、吃苦耐劳，每天发回一大批散发人文气息的独家报道，赢得了广大读者的喜爱和尊重。可是，我们不但不能像兄弟媒体受到援建办的热情接待，还被告了恶状。在前方记者的QQ聊天记录里，我看到了战友明亮的坚持心，但说实话，他们受冷遇让我想骂人，但我想得更多的是，尽快让我们的报纸变得更加伟岸，让那些鼠目寸光的人仰望、尊重——就是这样，在这个世界上，不用说是工作，就算是庸常的生活，每个人的心灵需要出口，但最好的办法是自己创造。

亲爱的战友，办《东莞时报》两年多了，我们有了相对丰富的办报心得和人生体会，而这些体会将让我们受用一生。《东莞时报》就是一群理想主义者的时代聚会。我们用世界的双眼，看到东莞不一样的侧脸，也看到自己不一样的笑脸。

尤其是今年报纸成功优化升级以后，我们的气场不仅让读者刮目，也让我们自己宽心。但是，还有很多工作做得远远不够。

本城新闻虽时有不错表现，但精品力作、新闻种类偏少，影响力策划除了年初的《画魂》震动各界，超大型策划还需最近几月有闪亮呈现。大家一定要牢记，本地新闻是《东莞时报》的桥头堡，今年在不能扩版的情况下，一定要注意节奏控制和独家新闻的运作。我最希望看到，当报社高层远离报纸一两个月时，本城新闻能够持续坚挺，这才称得上是一份成熟的报纸！

埠外新闻在目前力求悦读的基本要求下，除了“天问”版外，要尽力开发原创新闻，而作为新锐脸面的封面，一定要天天给人出其不意的感觉，近来，这些方面，都需要新的跃升。在今春改版前，许多人怀疑我们能否这么做，但是我们做到了，现在要考虑的是如何做得更好。锐读杂志要尽快开发新的品牌版面，做到国内焦点之事必有时报声音。

文体版块缺原创和大型策划。目前的单版专题策划能力已经成熟，我们要考虑的是通过大型策划造成网络影响，让东莞时报从外面红回东莞。《文化时间》定位有点摇摆，切记，我们一定要做到高端，有一种无可匹敌的引领力，文化不要附和，我们只要引领，而要做到大众化的引领，就需要去学究味，多一些多元，多一些悦读，多一些锐利。

经济专刊版，需要你们通过活动带动经营，创刊初期一些好的沙龙、活动模式，不应该废弃，应该发扬光大。

说这么多，实际上想强调的是，作为一份市场化的媒体，我们的报纸卖相必须追求“商业”，但骨子里一定要相当人文、相当有追求。我们要相信并且做到，做报纸、做新闻，很多方法非但不随波逐流，反而是十分独特的。

在我看来，一个在传媒上有创造性的人，不能太过于欣赏别人，我们要专注自我,发现自己。必须让《东莞时报》对读者有一种解放天性的作用，它在情欲表达和反叛呼吁上要做得比别人更智慧、更前沿、更大胆，在有意和无意间，代表着中国报纸一种魅力、时髦、开放、潮流，这是我们一定要做到的。

但要做到这些，得先释放自己。我说的是我们团队中的个体要先打开自己。现在，我们的战友普遍激情四溢，但也有部分战友陷入了一种无法自拔的“职业自闭症”。

新闻人的“自闭症”病发原因有很多种，也许是目标丧失造成的，也许是竞争压力造成的，也许是家庭生活造成的，也许是天性使然……无论如何，职业的自闭症是一种广泛性发展障碍，最终会害了自己，不但会影响团队，还会影响自己的人生。

亲爱的战友，我们的事业没有结束，只有开始。我们必须解放我们的报纸，才能最终解放自己，在业务上，学会集不同地区的不同审美于一身，从来不要因为喜欢哪一种别人的风格然后成为它的代言人，要博采众长，为我所用；在做人上，我们的外在和内在必须同步进行，这样才能给人完整的魅力感。

最后，我们要告诉别人，我们从来都不是另类，只是不喜欢那种旧式的流行，我们必须用稍显出格但又能让人接受的方式去办报、去做人！

（作者系东莞报业传媒集团执行总编辑）

读报札记三则

□罗建华

罗建华

近期武汉六家报纸的四篇报道恰好涉及一起重大比赛、一位重要人物、一起重大灾害、一起重大突发事件，各显千秋，值得比较，读来有些心得，信手拈来是谓札记，仅供同仁参考。

“好望脚”踢出一记“好球”

6 月 11 日—7 月 12 日，四年一度的足球世界杯南非论剑，各报也是纸上比试，仅特刊的刊名就各显锋机。

长江日报《好望脚》形象、鲜明，巧借南非“好望角”这一知名度极高的地名，又妙用谐音以“脚”易“角”，一字生辉，传神地表达本届足球世界杯的全部内容。

在点出本届足球世界杯的举办地“南非”方面，武汉晨报《南波 NO.1》、楚天都市报《非主场》一“南”一“非”，都能使人产生联想，留下记忆。《南波 NO.1》富有动感，摄取绿茵场上的波诡云谲，其“NO.1”（第一）又含有“鹿死谁手”的竞争意味——足球在争霸，新闻也在争霸。《非主场》之“非”含义多重，既“并非”、亦“南非”，虽是报纸的“非主场”，却是报道南非的“主场”，更见霸气。

武汉晚报《好球》生动、平实、口语化，一看刊名，仿佛耳闻赛场边、荧屏前球迷的声声喝彩——“好球！好球！”《好球》好在与读者融为一体，市民色彩浓郁，一袭晚报数十年的文化传统。美中不足在于“泛化”，与《好望脚》不同，它无法专指本届世界杯足球赛，可指任何一届世界杯足球赛；甚至无法专指足球赛，可指任何一种球赛。所以，刊名的“独特性”，莫过于“独一性”（即唯一性），除此不可他图。北京青年报的《追球》、新京报的《干杯》都很上口，并有双重含义，但不“足”也在如此。

楚天金报《逐球》就多了一个元素，此“逐”即彼“足”，通过谐音把足球赛点了出来，读者心领神会。

长江商报《非球勿扰》（安徽江淮晨报亦名《非球勿扰》）引入时尚流行元素，走的也是比附路线，图的是一种“共生效应”。它还强调这一期间为“足球时间”，站在特殊受众的立场，颇能满足一些“球迷大爷”的心理。

一番比较后不难发现，刊名的“唯一性”或“排它性”十分关键。《好望脚》就具备这一特质，一名命之，九牛拔不出，非此莫属，不可复制。反之，则留缺憾。

如中央电视台体育频道《豪门盛宴》，概括了这次强队争雄掀起的娱乐狂欢，确也“央央大气”，但不免俗气，更不具“排它性”。《豪门盛宴》用于任何一场世界级的赛事或奥运会，有什么区别呢？

对同一重大事件进行报道，开辟特刊予以重磅聚焦，拼的是智慧和境

14

长江日报〔2010世界杯特刊〕

好望脚

2010年6月11日 星期五

今夜，环球同乐世界杯

今晚，南非世界杯将在约翰内斯堡点燃烽烟。北京时间今起至7月12日，巴西、意大利等32支球队将为争夺大力神杯而战

本报记者领到开幕式门票

中国仅30余位记者获此黄金机会

今明看视

11日18:30
世界杯专题报道“豪门盛宴”及开幕式/CCTV5
11日 22:00
世界杯揭幕战/南非队VS墨西哥队/CCTV5
12日 02:30
小组赛/乌拉圭VS法国/CCTV1,CCTV5

非说不可

一起来
向快乐出发

界，反映媒体的底气、品质和特色。好的刊名，不仅能传神地锁定报道对象，还能迅速抓住受众的眼球，扩大影响，获取市场。

一声“三钱”值千金

7月30日，享年98岁的钱伟长逝世，次日各报均突出报道，一条看似寻常的讣闻，却因对背景材料的不同处理，产生不同传播效果。

长江日报《钱伟长逝世 “三钱” 尽陨》标题分为两行，分出两个层次，干净，简洁，明了，醒目，富有穿透力。钱伟长大幅遗照纵贯上下，旁边链结一组《中国“三钱”》，用钱三强、钱学森的小幅遗照相呼应，分别冠以“中国原子弹之父”、“中国导弹之父”、“中国力学之父”，全而精，构成一个强势“导读单元”。几乎一整版的规模颇显大气。

长江商报《钱伟长逝世 世上再无“三钱”》标题也分为两行，其中“世上再无‘三钱’”语含惋惜，很能引发公众的共鸣。在内容的铺设上，该报还拿出一个版，对“钱家人物谱”专题史海勾沉，钱穆、钱玄同、钱钟书、钱学森、钱永健等名人一一列入。

武汉晚报《中国科技界“三钱”成绝响》、楚天金报《“力学之父”驾鹤去 “三钱”从此成绝唱》，对“三钱”分别在副题和引题中加以反映。参照中国青年报八字标题——《科学报国 “三钱”绝响》看来，“绝响”和“绝唱”，比之“尽陨”和“再无”，又别具一层意味。特别是楚天金报的引题运用挽联形式，是该报近年处理讣闻的一大艺术特色。

新闻要增值，绝不能孤立地处理一个事件，一定要尽可能找到它的“联系区”，放开视野，把孤立事件的背景，特别是所蕴含的丰富内容甚至本质，发掘出来。可喜的是，在钱伟长逝世报道上，各报都注意到本土化“联系区”，集中报道钱伟长关心三峡工程、呼吁武汉成为直辖市等内容。武汉晨报策划及时，第一时间采访了钱伟长厚交63年的老友、58年前当过班长的学

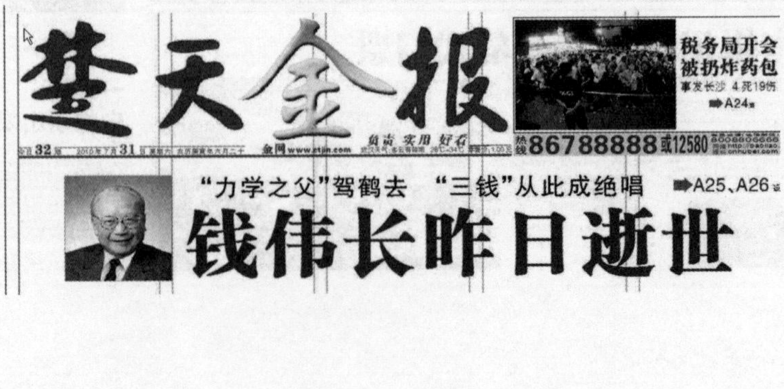
楚天金报
税务局开会被扔炸药包
事发长沙 4死19伤
A24版
热线 86788888 或12580
“力学之父”驾鹤去 “三钱”从此成绝唱 A25、A26版
钱伟长昨日逝世

生、30 年因一篇论文受到提携的后辈，特别是华工老院长朱九思披露“钱伟长差点当了华工院长”，都在同质新闻中做出了自己的看点。

此外也可一说的是：讣闻的要素是“身份”和“评价”，即所谓“戴帽子”。“身份”一般指职务或职业，“评价”一般指成就或贡献，甚为关键——因为这在某种程度上具有“盖棺定论”的意义，一经传播，流布社会，载入史册，应当悉心酌处。

标题直取新闻的“核”

8 月 8 日凌晨，甘肃舟曲发生特大泥石流，这是今年继玉树地震之后，大西北发生的又一重大灾害、又一突发事件，造成重大人民生命财产损失，令人震惊和痛惜。

异常灾害，突如其来，长江日报《甘肃舟曲特大泥石流》一行大字标题，一幅超过半个版的大图片，仿佛挟风裹雨，扑面而来。标题短促有力，连“发生”这样的动词都省略掉，反而跳动着紧迫、危急的节奏，直接、明确地传递了灾害信息。

武漢晚報
为百姓谋利益
欧亚达家居装修清货
开仓放“粮”II
只有三天
错过了上次不要再错过这次！
33 家医院参与
8 万多市民赶场
摩托车驾驶员
冲岗被拘 10 天
疑犯刘赟衡
广西落网
汤逊湖芦苇荡里
围捕“黑白双煞”
300 余户村庄被埋 三分之二县城被淹 1294 人失踪
甘肃舟曲 特大泥石流吞噬 127 人
胡锦涛指示千方百计救人 温家宝抵灾区察看灾情
本报特派记者昨赴舟曲
报道抢险救援最新进展
帮助寻找灾区湖北老乡

武汉晚报、楚天都市报、长江商报的标题，均突出了这场泥石流的“特大”；武汉晨报、楚天金报的标题虽未出现“特大”，但“吞城”、“吞噬半座城”，以灾害的严重程度，显示了其“特大”。不过，从准确性的角度看，楚天都市报“凌晨淹没半座城”更为合适。因为，从各报报道中得知：泥石流将县城 500 米宽、

5 公里长区域夷为平地，并未“吞城”；实际情况是泥石流形成了堰塞湖，导致回水“淹没半个城”或“淹没三分之二县城”（见武汉晚报副题）。当然，楚天都市报也有明显不足，即主标题未报道这次灾害的发生地。

总体上看，这次灾害报道，武汉晚报的标题处理最为完整、得当。主标题《甘肃舟曲特大泥石流吞噬 127 人》直取“新闻核”，对核心事实作了最直接的揭示。因为，灾害、事故一类报道，最重要的是“结果”，事关“生命”的结果。

再观武汉晚报的整个标题结构，引题为——“300 余户村庄被埋　三分之二县城被淹 1294 人失踪”，副题为——“胡锦涛指示千方百计救人　温家宝抵灾区察看灾情”，上下照应主题，“全景式”报道了这场灾害。有了这组标题的高度浓缩，相当于一条完整的“短新闻”，读者完全可以在第一时间获知灾害的基本信息。

十多年前，长江日报老报人陈修诚曾多次批评一些报道的弊端，反复举过一例——一条关于 38 次列车“夕发朝至”的报道，描写开通仪式隆重热闹、出席的领导大名一个不拉，但读者看完却一头雾水，因为缺乏两个最关键的元素——其一，发车时间是几点？其二是上车地点在哪儿（武汉有汉口、武昌两个火车站）？

当下媒体市场竞争激烈，读者的阅读习惯越来越发生更深刻的改变，“闪读”、“速读”的趋势越来越明显，一不小心就遭“秒杀”，年轻读者更热捧“关键词新闻”。各报抢“眼球”路数用尽，报纸一版进一步“导读化”，乃至出现“封面版”。那么，导读标题的功能、尤其是头条标题的作用至关重要。在处理新闻要素时，一定要根据事实的本质所在，突出最重要的那一个，以对新闻的“核”作出深入的揭示或恰当的评价。

（作者系武汉晨报总编辑）

区域类网络媒体的发展路径研究

□郭全中

郭全中

当前，新媒体对传统媒体的冲击越来越大，在这种情况下，传统媒体纷纷创办区域类网络媒体来应对，但是由于观念和体制等诸多因素的制约，其所创办的网络媒体成功的少，尚未找到切实可行的发展路径。而在新媒体日新月异的时代大背景下，传统媒体亟待大力发展新媒体来实现自身的转型，这就要求传统媒体必须创新发展思路，成为区域性的生活服务类网站。

技术进步大大改变了媒体的运作规则

每次新的技术进步都给人类社会带来巨大变化，新的信息传播技术更是极大地改变了媒体的运作规则。

传统媒体的运作模式采取的是一定发行量基础上的传播功能的再售卖，在这种模式下，媒体呈现分众传播的特性，受众群不是很大，而且和受众相对割裂。一般来说，一份大城市的都市类日报发行量很少能超过100万份，考虑到传阅率的影响，受众群也不过两三百万人，而且由于和受众之间缺乏有效的互动，读者的有效信息匮乏、忠诚度不高，导致很难进行精准营销。而一些地市级城市的都市类报纸发行量也就仅仅10万份左右。

由于新的传播技术使得世界变成一个地球村，打造大型的传播平台便成为可能，网络媒体利用边际成本趋向于零的特点，多采用打造大型平台的运作模式，一方面能够吸引到足够多的受众群，进而获得巨量的点击量，另一方面能够和受众形成有效的互动，并能掌握受众的信息，读者的忠诚度也较高，进而可以实行精准的营销。例如，截至 2010 年 5 月底，Facebook 的注册用户已经突破 5 亿户大关，活跃用户超过 2.5 亿户，而其团队的工程师还不到 15 人。2009 年年底，腾讯的即时通信服务活跃帐户数达到 5.229 亿，即时通信服务最高同时在线帐户数达到 9300 万，“QQ 空间”活跃帐户数达到 3.878 亿，“QQ 游戏”门户最高同时在线帐户数（仅包括小型休闲游戏）为 620 万，比上一季度增长 8.8%。此外，截至 2010 年 6 月 20 日，Twitter 的账户总数超过 1 亿 600 万，每天以新增 30 万用户的

速度成长，每天超过 1 亿 8000 万次访问，每天发送 5500 条推讯，每天搜索请求超过 6 亿次，奥巴马在推特上粉丝数排名第四，超过 370 万；截至 2009 年底，新浪微博用户超过 5000 万。

综上所述，新传播技术的出现改变了媒体的运作规则，网络媒体等新媒体成功的关键在于流量和黏度。

区域性广告是区域网络媒体发展的关键

从理论上讲，广告市场规模主要与一国或地区的 GDP、人均 GDP、社会消费品零售总额、人均受教育程度、人均可支配收入和人口总量等因素密切相关，随着我国经济的快速发展和社会全面进步，改革开放 30 多年来，我国的广告市场规模快速发展，从 1981 年的 1.18 亿元增加到 2009 年的 2041.03 亿元，增加了 1700 多倍。

广告分为全国性广告和区域性广告，从广告类型来分，全国性广告多是品牌广告，而区域性广告多是分类广告等。在广告的宣传方面，全国性广告（品牌广告）主要看重大规模的受众或高质量的读者群。目前，在大规模的受众方面，新浪、搜狐、腾讯等网络媒体，分众等形成全国规模的户外媒体，央视等广电媒体由于具有庞大数量的用户群，能够满足全国性广告的广覆盖要求；在高质量的读者群方面，期刊和全国性的报纸发行量不大，但是由于其读者群收入高、学历高、素质高、消费能力强，为广告主所特别钟爱，能满足广告主的高质量读者群的要求。至于网络媒体等新媒体来说，全国性广告的关键在于流量，而对广告效果较为不重视。

而区域性广告则要求在某一区域内形成密集轰炸之势，在细分市场上居于主流，这类广告能直接帮助产品销售，广告主要求直接拉动消费。区域性广告更看重广告效果，这就要求媒体和受众形成有效的互动。对于网络媒体等新媒体来说，区域性广告经营的关键是用户黏度，营销的关键是线上和线下活动互动。

由于传统媒体创办的区域性网络媒体，很难获取大流量，所以不可能获得全国性广告和品牌广告的投放，所以只能通过增强黏度来获得区域性广告。

观念转型是区域性网络媒体成功的关键

我国传统媒体创办的区域性网络媒体存在的首要问题是观念陈旧，主要体现在依然采取传统媒体常采用的采编理念和新闻思路，具体表现在网站多是区域性新闻门户，内容以新闻为主，但是由于我国传媒业存在着严重的“小、散、弱”，新闻源严重不足，这样就难以获得大点击量，更难以获得大量的广告投放。

区域性网络媒体要想取得大发展，必须进行观念的转型，一是变采编理念转变为用户理念；二是从新闻导向转变为市场导向；三是从新闻价值转变为商业价值；四是从新闻为主转变为信息为主。

区域性网络媒体应定位为生活服务类资讯提供者

当前，区域性网络媒体常常模仿新浪、腾讯、搜狐、网易等门户网站，定位为区域性门户网站，但是由于新闻源不足以支撑，这种定位就难以落地和实施。

因此，对于区域性网络媒体来说，首先在市场定位方面要深深植根于本地市场；其次，为了尽可能地获得流量和受众群，要定位于全部读者和受众；第三，由于区域性网络媒体的区域性这个天然缺点，导致其很难获得大流量，这就要求网络媒体必须从黏度出发；第四，在内容设置上，为了尽可能地获得流量和增强黏度，必须提供各类生活服务类资讯。

目前，区域性网络媒体做得较好的是都市快报旗下的19楼空间（www.19Lou.com）和青岛新闻网。19楼空间2009年广告收入达到4500万元，净利润达到800万元。经过多年发展，19楼空间已经成为长三角最大的城市生活社区，中国最有影响力的社会化网络媒体之一。中国五大互联网社区、中国十大媒体网站、“2009年度中国社交类网站、生活服务类网站”双十强、浙江第一论坛、杭州品牌30强。截至2010年8月，19楼拥有780万注册用户，日均页面访问量达1500万，每日独立访问用户达94万人次，每年的增长均保持在300％以上。在定位上，19楼网站定位为“中国城市社区第一品牌，本地人首选的网上家园”。

青岛新闻网为青岛日报报业集团控股的当地区域性网络媒体，其定位是区域性的生活社区网站，致力于提供本地化的生活资讯类服务，主要做法有：网站最初靠论坛、社区等，不断策划热点问题，增加用户黏度，线下活动较多，并注重与线上互动。

区域性网络媒体应实现收入多元化

目前，全国性门户网站的收入多元化，主要有广告收入、网络游戏收入、增值业务收入，而区域性网络媒体的收入一方面收入低，多在 1000 万元左右徘徊；另一方面收入单一，多为广告收入。

对于区域性网络媒体来说，单一的广告收入不足以支撑自身的发展，必须实现其收入多元化。一方面充分挖掘区域性广告市场，尽可能地做大广告；另一方面做强信息服务，尽可能地获得增值信息服务和其他业务收入。

下面就以青岛新闻网为例来说明区域性网络媒体的收入构成，首先，青岛新闻网从 2004 年创立以来，每年保持近 100% 的增长速度，从 2004 年的年收入 60-70 万元增长到 2009 年的 5000 万元，短短 5 年时间内，增长了 80 倍左右；其次，初步实现了收入多元化，其中广告收入占 75%，无线增值业务占 10%，对党政机关的服务占 10%，其它占 5%。具体见下表 1 和下图。

表 1　青岛新闻网络有限公司经营情况表　　单位：万元

	2004年	2005年	2006年	2007年	2008年	2009年
营收	60—70	300	600	1500	3000	5000
利润	——	略有亏损		超100	400	600

从上表可以看出，青岛新闻网络有限公司自成立后营业收入和利润均出现了持续快速的增长，营收近乎每年翻一番，2010 年第一季度就已实现 1500 万左右收入。2009 年利润达到 600 万元，销售收入利润率为 12%，远高于报纸的销售收入利润率（6% 左右）。

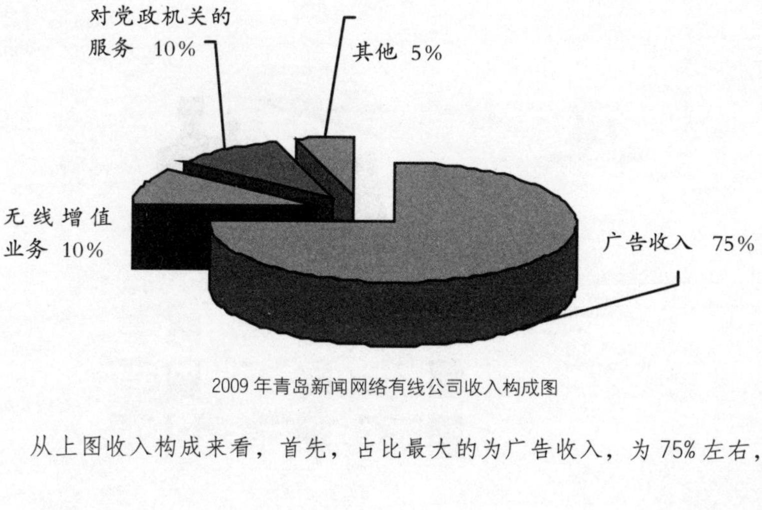

2009 年青岛新闻网络有线公司收入构成图

从上图收入构成来看，首先，占比最大的为广告收入，为 75% 左右，从时间序列上来看，该部分收入有所下降，主要依次是房产（1000万左右）、汽车、商场超市、医疗、教育和旅游等；其次，无线增值业务占10%左右；第三，对党政机关的服务由内容部来负责，有专门的运营中心，占收入10%左右；此外，其他方面如给其他兄弟单位提供技术支持等，占收入5%左右，目前网站开发人员15人。

在品牌塑造应遵循网络媒体的规律

当前，区域性网络媒体的品牌塑造多采用统一的品牌战略，网络媒体品牌和传统媒体的品牌一样，目的是想实现传统媒体影响力和用户群的平移。

殊不知，网络媒体和传统媒体存在重大差别，其用户群、内容都有着本质区别，遵循着不同的发展规律，因此，区域性网络媒体应采取和传统媒体不同的品牌。尤其是报纸类传统媒体，具有很强的区域化属性，体现分众的特点，而网络媒体致力于打造大平台。由于传统媒体和网络媒体的用户、特点都有本质区别，因此，不能采取统一的品牌战略，而采取区别化的品牌战略。

创新操作方法

当前，传统媒体创办的网络媒体操作手法相对单一，基本上还是采取传统媒体的经营手法和营销策略，而网络媒体要取得成功，就必须实现线上和线下活动互动，实现精准营销。

我们以青岛新闻网络公司的操作方法为例来看区域性网络媒体的运作。第一，同企业一起合作举办活动和论坛。先是利用网络上的相关论坛来精准吸引广告主所关注的消费者，然后利用其自身举办的活动把广告主和广告主关注的消费者聚集在一起，这样能充分发挥线上和线下活动的互动，一方面实现了精准经销，另一方面是进一步增加了用户黏度，这样就能充分引起广告主的兴趣。青岛新闻网在青岛啤酒节期间与一家外资企业合作搞“最爱青岛”活动，20 天左右实现营收 200 万元，利润率也很高；此外，也举办婚博会（1-2 天收入七八十万）、童博会等等活动。

第二，整合客户资源，通过线下和线上活动的互动来拉动广告。青岛新闻网举办的房展、车展、“看房车”等方式就取得了很好的效果，其房产频道做得最好，2009 年，拉动房地产广告 2000 多万元。

区域性网络媒体首先要解决体制问题

当前，传统媒体创办的区域性网络媒体多采取的是传统媒体的附属品方式，体制和机制上存在诸多严重的制约问题，而且在经营机制上很多采取的是传统媒体代理网络媒体的经营方式。由于网络媒体具有良好的发展前景、较大的风险以及具有和传统媒体不同的特点，因此，必须采取全新的体制、机制来发展网络媒体。

首先，要在企业制度选择上，采取现代企业制度，成为独立的子公司，实现“自主经营、自负盈亏”。由于网络媒体等新媒体风险大、未来收益也可能高，采取子公司制度，这样能够充分激发整个公司团队的积极性、主动性和创造性。

其次，在激励约束制度上，实施管理层持股制度。网络媒体等新媒体自身风险大，又属于初创的前景巨大的行业，因此，只有实施了管理层持股制度，才能使得管理层发挥最大的能动性，实现跨越式发展。

（作者系南方报业传媒集团战略运营部副主任）

传媒茶座

传媒茶座

“国家形象宣传片”的形象

□长平

长平

有一部广告片，叫做《中国国家形象宣传片》，计划在近期问世。它由国务院新闻办公室发起，委托给一家广告公司制作，分为《人物》和《角度》两个部分，前者将会在CNN等国际主流媒体播放，后者用于外事活动。也就是说，这个宣传片主要给外国人看，大多外国人看到的是《人物》篇。

这个宣传片首先在国内媒体进行了宣传。看得出来，很多媒体是以一种宣传的意识来报道这个宣传片的宣传——因为那个广告公司的人在拍国家形象宣传片，所以媒体就预设了对他们的肯定和赞扬。我觉得首先应该“公事公办”，一是公开这个东西到底要花多少钱，二是想想花这么多钱要干什么。

“国家形象”这几个字，在很多中国人心目中有神圣化的意味。神圣化的对象很容易抽象化，大家似乎觉得，国家形象是一个可以独立去塑造的东西。它和这个国家的法制环境无关，和这个国家的金融体系无关，和这个国家普通民众的喜怒哀乐无关。说到底，它其实是制作方认可的国家形象。

拍一些好的东西给人看无可厚非，但是你只能具体说你拍的是什么，而不能以偏概全。你可以拍一些漂亮的风景，去宣传旅游；你可以拍一些市井文化，去展示民间气息；你拍一个故事，去演绎某种理念。该广告片的总策划朱幼光说，“不是每个国家都有形象宣传片，但是每个国家都在用不同的方式宣传自己。”他举例说，美国没有国家形象宣传片，是因为美国的所有大片、音乐、漫画都在宣扬它的国家形象。的确，美国人老是通过通俗文化，来提倡所谓的“美国精神”。不过，朱先生可能混淆了“形象”与“观念”的区别。他列举那些美国的“国家形象宣传片”，几乎都不是由美国政府拨款拍摄，而且是在宣传一种观念，而不是塑造一种形象。观念是一种追求，而形象是一种结论。

假如真想让外国观众通过这个宣传短片看到中国的形象，那么我们首先应该看看该片自身的形象。朱幼光认为中国的情况和美国不同，其大众文化目前还没有那样的宣传能力，所以，“必须有这样的宣传片才能在短期内达到一定效果”。在短期内达到效果，换一种说法叫急功近利，这是该片传递给人的第一印象。以为拍一

打工子弟学校入镜国家形象宣传片

供稿者：佚名　来源：中青在线—中国青年报　点击次数：28　更新时间：2010-9-26 19:58

8月29日，中国国家形象宣传片摄制组来到北京某打工子弟小学拍摄。

点华美的镜头，购买一些广告时间去反复播放，就可以迅速提升国家形象，这还真是把外国人当中国人了。

再来看看这个宣传片要给外国人看的东西是什么呢？根据媒体报道，“这个30秒的宣传片，最终确定要选取全球华人精英来拍摄，比如李嘉诚、姚明、杨利伟、马云、章子怡等，只要他们的面孔一出现，就能让人联想到中国，是能代表中国的面孔。”不过，就在同一篇报道中，执行制片人苏明霞说，“30秒钟的《人物篇》就是要展现最普通的中国百姓状态，他们都在做什么，他们是如何生活、工作的。”从后来的报道看，这并非是误报，而是体现了制作团队的矛盾心理。他们一边拍摄着名人明星，一边强调普通人的重要，甚至最终在片尾加了一个不够有名的维和警察，就宣称“该片从百姓中来，回归百姓中去”。

其实制作团队心里很清楚，真正在乎这些名人明星的，并非渴望了解真实中国的外国人，而是我们自己。炫耀成功人士，以为他们代表了国家形象，体现的是对功名、功利的趋附。这原本就无助于提升中国的国家形象。

（作者系南都传播研究院首席研究员）

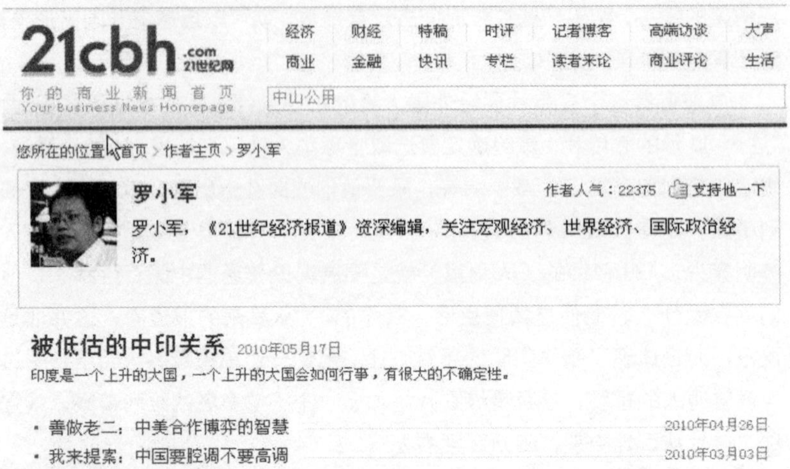

启蒙时代：用智慧运用智慧

□罗小军

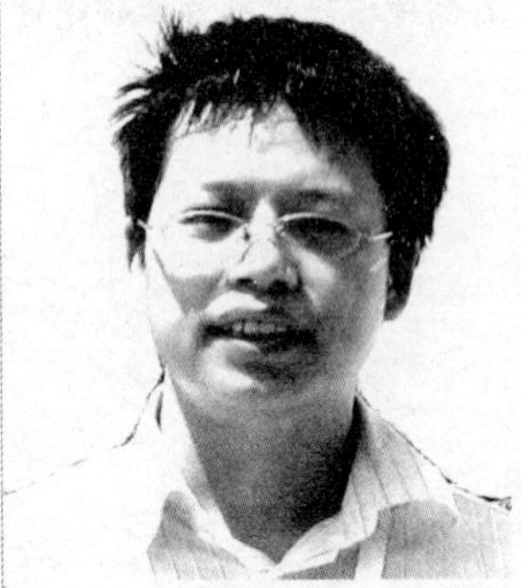
罗小军

资中筠先生最近在《知识分子对道统的承载与失落》一文中公开呼吁知识分子要有独立人格。说"百年近代史上，每逢改革到一定程度，需要向民主、宪政的道路转型的关键时刻，总有以'国粹'抵制'西化'的思潮出现，以'爱国'为名，反对社会进步，行祸国之实"。

资中筠先生还认为，当前存在各种论调，其落点都在质疑和反对普世价值，因此呼吁知识分子要承担起公众启蒙的责任，开启民智，打破新老专制造成的精神枷锁，否则民族精神有萎缩之虞。为此主张知识分子首先要争取人格独立，减少依附性。

资中筠先生年已80，吴敬琏81，还有年轻点的招商局集团前董事长秦晓，以及更年轻点但也快60岁的许小年，都在奔走呼号。这些老头老太们对

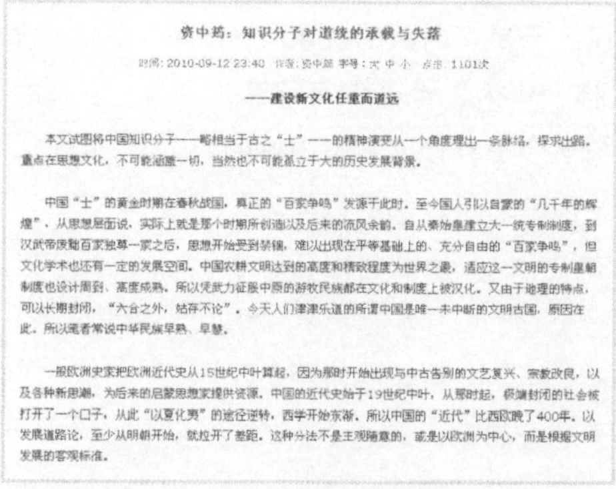

资中筠：知识分子对道统的承载与失落

时间：2010-09-12 23:40　作者：资中筠　字号：大 中 小　点击：1101次

——建设新文化任重而道远

本文试图将中国知识分子——略相当于古之“士”——的精神演变从一个角度理出一条脉络，探求出路。重点在思想文化，不可能涵盖一切，当然也不可能孤立于大的历史发展背景。

中国“士”的黄金时期在春秋战国，真正的“百家争鸣”发源于此时。至今国人引以自豪的“几千年的辉煌”，从思想层面说，实际上就是那个时期所创造以及后来的流风余韵。自从秦始皇建立大一统专制制度，到汉武帝废黜百家独尊一家之后，思想开始受到禁锢，难以出现在平等基础上的、充分自由的“百家争鸣”，但文化学术也还有一定的发展空间。中国农耕文明达到的高度和精致程度为世界之最，适应这一文明的专制皇朝制度也设计周到、高度成熟。所以凭武力征服中原的游牧民族都在文化和制度上被汉化。又由于地理的特点，可以长期封闭，“六合之外，姑存不论”。今天人们津津乐道的所谓中国是唯一未中断的文明古国，原因在此。所以笔者常说中华民族早熟、早慧。

一般欧洲史家把欧洲近代史从15世纪中叶算起，因为那时开始出现与中古告别的文艺复兴、宗教改良，以及各种新思潮，为后来的启蒙思想家提供资源。中国的近代史始于19世纪中叶，从那时起，极端封闭的社会被打开了一个口子，从此“以夏化夷”的途径逆转，西学开始东渐。所以中国的“近代”比西欧晚了400年。以发展道路论，至少从明朝开始，就拉开了差距。这种分法不是主观随意的，或是以欧洲为中心，而是根据文明发展的客观标准。

这个世界发出呼喊，对那些年轻人说，你们要有独立人格，你们要有科学精神。这实在是对年轻人很高的要求。有人说，瞧，他们也是到老了退休了，才开始独立。

中国知识分子能独立吗？能！不过大概要等你老了，经济独立了。

一帮一帮知识分子刚从愉快的公款旅游休假归来，有知识分子自嘲被安排优厚的福利，担心自己大有依附和失去独立的可能，这大有过虑之嫌，知识分子曾经有过更好的待遇。人格独立与否，与经济独立没有必然的联系。不过，大多数年轻知识分子确实都在为五斗米而奔波，这也是事实。

什么样的人格是独立的？什么是知识分子的人格独立呢？无论面对什么，都能坚持事实和科学？答案在每个在知识分子心中，在每个知识分子的一言一行中。

然而，光有独立人格，如果躲进斗室成一统，是不够的。尽管受到好些知识分子推崇，这是他们的自由。不过，犹如资中筠先生所说，知识分子需有启蒙的担当。知识分子，要面对公众，具有“普渡众生”情怀，要开启民智。尤其是此时此刻。君不见，另一位年纪也不小的爷爷还在CNN一次又一次谈国际经济又谈中国政治改革呢。你又为啥会没有勇气或者担心麻烦呢，除非你不想或者没有兴趣或者没有空担当嘛。

并非所有的知识分子，有能力有勇气担当启蒙。这个世界，一眼望去，公共知识分子的声音，往往能得到更多人的掌声。什么是公共知识分子呢？勇于公开发表言论的？恐怕不是，你瞧，不乏各种“私”知识分子粉墨登场。因其言论能够超越知识分子个人、家庭的利益？或因其言论能超越其所在阶层利益者为它者利益而奔走呼吁？好像有点是，好像不全是。

什么是启蒙？资中筠引用康德的话说，启蒙是……有勇气运用自己的智慧。某种程度上，知识分子中的公共知识分子担当了这种功能。

什么是康德言下的智慧呢，在现在这个世界，恐怕就是资中筠先生说到的普世价值，一个前进的方向。

其实，没有勇气往往是因为缺少运用智慧的智慧，用智慧去运用智慧便不会有风险，没有风险便不存在需要勇气一说。于是，时代的启蒙……是用智慧运用智慧。譬如，年轻的韩寒就是这样一个人，他不仅有智慧，还有运用智慧的智慧，他的新著《1988：我想与这个世界谈谈》是很好的一部小说，用智慧分享了智慧，推荐一读。无论何种功用，知识只有转化为公众的认识，才有可能转为化为“人民群众的力量”。用智慧把智慧告诉公众，想来这便是开启民智，启蒙。

重要的是，韩寒是80后的，年轻得很，这个世界，并非要待到老了才能去启蒙。当然，也并非要求，每个知识分子都去启蒙，这是个人的自由，因此要求个个知识分子去启蒙这是不必的。

当然，赞许公共知识分子，并不意味着贬低私人知识分子。

依葫芦画瓢，既然有公共知识分子，那就有各种“私人”知识分子了，诸如，地产商利益代言的经济学家。一种观点，客观上有某种“利益分配”倾向或结果，无论公共还是私人知识分子所主张，概莫能外。人们往往对“私人”知识分子加以挞伐，这也是不必的。

一个健康社会需要公共知识分子，但更需要私人知识分子，这是必须的。唯有私声朗朗，方有“公共”舆论，否则纵有大场子，只是一言堂。某种制度框架下的既得利益集团，满世界都有，他们自然应该有自己的代言知识分子，这是他们的私权利。问题的关键在于，有些私权利往往挟公济私。以公共的名义，锅盖各种私声。只能你有私，不许别人有私，不许其为私奔走，不许其为私呼喊，实在是没有私道，只有霸道，没有公道。

言论背后是利益的分配诉求，一言堂的弊端在于产生了超级垄断利润和唯我独尊。这与市场经济的多元竞争是不相称的，必然要破坏已经在形成的市场经济，并与之直接相冲突。不过，市场天然不是趋于竞争性的，参与市场的主体无不寻求某种程度的垄断和强势话语，竞争是市场的结果，垄断是市场（主体的）本能。因此，维护市场的竞争秩序须有反垄断法、维护公共舆论须有反言论控制法。这可能比呼吁产生公共知识分子，呼吁知识分子的独立更加要紧。

知识分子们，如果你有启蒙的想法，不用再矜持，不要因为贫穷，不要因为年轻，框框都是自己想象的，启蒙即走向真实的世界，走向公众，用智慧运用智慧。

（作者系21世纪经济报道记者）

“第四屏”来了！

□闵大洪

闵大洪

20世纪90年代，当计算机在国内开始普及时，我曾写了一篇短文，说人们从今以后除离不开电视机屏幕外，还将离不开计算机屏幕，这是新（数字）科技带来的“第二屏”。

未曾想到，快速发展的新科技给人们不断带来一块块新的“屏幕”，从iPod到iTouch，从MP4到手持游戏机，从PDA到电子书阅读器。而可以被称为“第三屏”的，非手机莫属。如今人们出门万不能忘带的三件东西是钱包、钥匙、手机。

今年4月3日上午9点，苹果公司研发的直板电脑iPad在美国正式开卖，随后陆续在世界各地发售，每到一地都出现人们排长队购买的景观。至4月30日的28天内，销量达到百万台，59天时达到200万台，80天时达到

300万台，平均每3秒销售出1台。有预测表明到今年底，销售量将达到1100万台。不仅“果粉”们踊跃购买，不少国家和地区的政要也纷纷尝鲜。如，挪威总理斯托尔滕贝格因受冰岛火山灰的影响4月16日滞留在纽约机场，他在候机时也没闲着，拿出iPad工作，挪威政府网站后来发了一幅照片，说明文字是：总理在机场处理公务。又如，香港特首曾荫权于7月13日拿着一部iPad便上了立法会的讲台，通过它浏览讲稿进行答问。再如，8月31日在俄罗斯总统梅德韦杰夫召开的联邦国务委员会会议时，出现了如下一幕：有10至15人拿着iPad，而过去他们用的都是便携电脑。最让我大开眼界的是一段视频，著名钢琴家朗朗4月17日在旧金山演出时出人意料地拿出了刚上市的iPad，单手或双手在这块小小的屏幕上弹奏出了动人的乐曲，而朗朗使用的是一个下载至iPad的“魔术钢琴”程序。

我是从7月开始使用iPad的。尽管苹果公司的产品是科技时尚的标志，深受年轻人喜爱，但作为一个年过花甲的老人在接触它之后，竟然也有爱不释手的感觉。这是一款多功能的新终端，呈现了硬件与软件的完美结合。因此我斗胆说，iPad及其类似终端将是人们拥有的“第四屏”。因为它真正让用户体验到了“随时随地，随心所欲”。尽管它目前还有一些缺憾，但随着它的性能不断改进功能不断完善，特别是苹果公司众多竞争对手纷纷推出新的机型，“第四屏”势必成大气候。

对媒体而言，终端始终是其传播链条和产业链条上的重要一环。在新媒体时代，一个重要特征是，一个终端设备同步连接着浩瀚的信息世界。用户对不同终端的需求，其实反映着对各类信息服务的需求。因此，对终端的争夺，说到底，就是对用户的争夺。按照高盛（Goldman Sachs）公司的分析，iPad的重要特点在于注重信息消费而非信息生成，其内容通过与iTunes和App Store直接相连，从而为用户提供了便捷、直接的内容获取渠道和庞大的定制内容资源，且所有类型内容的购买和交付过程都被简化为手指一点，用户无需在进行每笔交易时都输入信用卡和付费信息。当然，也有不少免费资源可供享用。

国内新闻传播界当下热议的“媒介融合”，实际上必须要以某种物化的形式呈现，以iPhone为代表的智能手机终端和以iPad为代表的新终端，实现了将各种媒介形态纳入其中并呈现出来。更重要的是，在传统媒体内容进入不同新终端的过程中，其形态得到了一次次再造。在iPad问世之后，全球众多的报纸、杂志、广播电台、电视台、通讯社等新闻机构争先恐后地创办“iPad版”，其形态与网络版、手机版又有新的不同与变化。前些日子碰到中国日报网总裁张兴波，我问他进军iPhone和iPad事宜，他说，中国日报网现有近 20 人开发应用程序，因为目前最主要的问题是要不断提升用户体验，尤其是作为英文报纸不论是版式还是内容都要更加合乎全球英文用户的习惯和需求。我看到已有多份国内报纸和杂志开设了 iPad 版，但在形态上有的仅仅上了静态的 PDF 版，这显然只是初级的“入门版”，而非专为 iPad 量身定制。新闻媒体内容进入 iPad，不仅有形态创新的问题，还有是否收费的问题。目前 APP Store 程序有付费和免费两类，因此，是否收费完全看媒体自身的考量，是着眼于扩大传播影响，还是着眼于经济收益。客户端服务产品通常在测试版时是免费，一旦形态完善、内容充实、服务周全推出升级版后即开始收费，但关键在于内容和服务是否能产生让用户想要购买的意愿，并在享用后认为“值”。

在张兴波看来，目前国内新闻媒体提供的内容还很难收费，最主要的原因是替代新闻源甚多。对新闻媒体而言，现在有了 iPad，更重要的意义在于它是全媒体集群中新的一员，为自己的信息传播增添了一个扩大影响力的新终端，因此必须要掌握它、运用它。至于收费恐怕要针对 iPad 的特点另辟蹊径，开发出具有增值效益的产品才行，如中国日报 iPad 版不收费，但推出汉语教学、汉英（或英汉）新闻词典、中国旅游、中国商贸投资等客户端服务产品等就可以收费。

无论如何，2010 年 iPad 的问世是新媒体领域中的一个大事件。从发展趋

iPad可以演奏乐曲。

挪威总理在机场用iPad处理公务。

势看，移动互联网就是网络的未来，移动终端就是未来的主流终端。“第四屏”具有个人终端的显著特点，因此，满足不同用户多样化的信息需求和用户对信息呈现新形态的良好体验至关重要。在国内新闻媒体向新媒体领域大举进军之际，对“第四屏”的最新进展、传播特点、普及程度、用户需求、市场规模的了解和认识，并在实践中把握其内容传播和内容经营的规律，也才刚刚开始。

（作者系中国社会科学院新闻与传播研究所副研究员）

新的赢利模式从哪里来

□周志懿

周志懿

目前国家倡导发展传媒产业，媒体不再仅仅是被要求唱响主旋律的“公鸡”，还必须做能养活自己的“母鸡”，要能“下蛋”。加之传媒本身天然具有商品的属性，因此，媒体追求经济效益似乎是天经地义的。但问题就在于，随着媒体形态的丰富，受众眼光的挑剔，媒体的广告吸附价值越来越分散，原来坐在办公室办媒体就能有个好收成的日子已经在传媒行业一去不复返了。传统媒体之所以传统，重要原因之一就是收入过于依赖广告。而无论是传统媒体投入兴办的新媒体，还是一开始就基于新技术生成的新的媒介组织，也同样面临赢利模式问题：采用老办法吸引广告，显然过时了；采用新办法，新办法又在哪里?

这就有必要从理论上回到一个原

点：媒体凭什么能创收？最基础的卖点当然是内容，受众能从媒体上接受信息，因此愿意付费购买；第二层是商家能借用媒体把商品信息提供给受众，于是投入广告费给媒体，让自己的信息与新闻内容捆绑或叫搭车销售给受众。可见，无论是一次售卖的发行，还是二次售卖的广告，其一个基本出发点，还是受众的需求。那么新的赢利模式是否还是应该在这里边去寻找呢？在笔者看来，所谓赢利模式的核心，其实就是关注并满足受众的需求。

在传统的媒体思维中，受众对媒体的需求，似乎主要是信息需求。因此媒体人总试图从如何充实媒体的信息含金量、降低受众购买成本上做文章。其实不然。无论是个人受众还是企业受众，其信息消费的背后是更广泛的、具体的生活或商业需要，而这种需要往往与具体的经济活动是相关的。试想，若媒体在满足受众起码的信息需求之后，继续去研究、开发受众的其它需求，然后通过经济关系去满足它们，新的赢利模式不就可以产生了吗！其实如湖南卫视的快乐购，现在报纸试行的报纸购物等等也算是新的赢利模式的一种。过去的湖南卫视只给受众看新闻、看节目或看广告，现在快乐购一推出，原来还可以通过媒体去购物，去 HAPPY，去消费；在浙江，浙江日报报业集团推出的房地产项目也更受青睐。换个角度，诸如互联网之类的新媒体，如果能够通过已经具备的技术手段，把新媒体的注册用户或目标受众，通过一定的需求关系或利益链条捆在一起，必然就能产生新的效益。

不过，回到现实的操作中，这要求我

们对传媒的认知必须完成两个转变。

其一，就是完成媒体由“看”到“用”的功能转变。原来的媒体主要是给人“看”的，现在不是了，媒体既要给人“看”，还要能给人“用”，试想，如果受众在客厅，通过遥控器就能选购商品、咨询信息，这样的媒体必然受到受众的欢迎。杭州日报报业集团投资兴办的“19楼社区”，就跳出了传统媒体办新闻门户网站的局限，彻底将该网站办成一个直接能为用户提供服务的通道。据说有的老人生了病，首先是上“19楼”这个网站咨询。当然，要能让受众“用”，自然就要让媒体能为其提供许多的“用途”，于是，对媒体所承载信息的扩展与丰富，媒体与线下真实社会组织的有效连接，以及媒体与受众的最经济快捷的互动方式便成为产生新的赢利模式的先决条件。

其二，要完成由媒体到平台的认知转变。按照传统的传媒思维，媒体就是媒体，主要承担传播职能。然而现在我们发现，媒体通过传播拥有了受众，而受众一旦有了忠诚度，媒体品牌就会成为链接受众各种经济关系、人情关系的纽带，进而产生新的关系。这实际上可以用中国的两句古诗来验证:“台上一分钟，台下十年功”、“汝果欲学诗，功夫在诗外”。事实证明，我们呈现给受众的任何一份媒体产品，都蕴含着线下更多具体的工作，而任何一个媒体运作的成功，媒体产品本身的生产过程只是媒体整体运作的一部分工作而已。因此，呈现在受众面前的媒体，我们不应只单单理解为简单的一份报纸、一个电视节目或者一个网站。特别是媒体人，更应该透过这份眼前的媒介产品看到其背后所代表或者能整合的无数受众的需求、各种经济联系。因为任何一个媒介组织都是一个连接社会各种利益团体、各种经济关系的桥梁，是一个能够整合或者已经整合了各类社会资源的搅拌器，办出来的报刊广电互联网等各种媒体产品，仅仅是这一个桥梁或平台的具体表现之一，更大的资源与能量还有待在这个平台中开发，也必然能开发出更大的果实。只要认识到这一点，新的赢利模式就必然离媒体人不远了。

（作者系传媒杂志社常务副社长）

一图两面为哪般

缘起：

8月底，菲律宾警察劫持香港游客事件发生后，该事件迅速成为国内各大媒体的头版头条。不过，令网友“传媒老王”目瞪口呆的是，《海峡都市报》8月24日的封面导读大图中竟然将该事件中大巴车身上的文字抹掉了。经“传媒老王”披露，网友一时哗然。细心的网友还发现，《海峡都市报》闽南版上图中大巴车身文字居然又是原版的。这真是令人匪夷所思了，一图两面为哪般？

众议：

李想奶牛：为什么P掉大巴上的字？是被公关了，还是怕植入广告？无论如何这算是伪造新闻事实吧？不应该。

公孙大娘：一整天都想不明白，海都这招是神马（什么）意思捏（呢）：要在世界媒体界用傻逼行径杀出一条血路？改图的是东南快报的奸细？或者丫以为福建人民就只有他们这张报纸可以了解世界？

彼得潘是个悲剧：在重大新闻上还要置入性的PS，保护广告客户，太过分了！职业操守在哪里？

宋英杰：PS，恶劣的媒体流习！连地球人都知道的新闻照片竟可以PS，还有什么不可以PS的？是可PS，孰不可PS？

张鸿：旅行社没掏钱不能植入广告。

郑帅微博：据说该报闽南版上有字，我怀疑是不是福州这边印刷厂没墨了，呵呵。

素年锦爱：抹得一干二净，海都很有版权意识吗？

徐方清：抹掉的不是字，是良心；留下的不是清白，是无知。

aiya0120：很多媒体本来就不是在做新闻！主要是从广告效益出发。

抑郁的妖怪：福建的报纸？还活在新闻的石器时代！这种错误，什么样的人会犯？只有一种人，那就潜意识里觉得任何新闻都可以用来卖钱的人！做出这种龌龊事，与其说是因为他们对新闻价值一无所知，不如说是因为他们过于追求新闻的价格！这是一种典型的媒体嫖客心态，要唾弃！

荷兰豆伯爵：这厮是不是收了旅行社的广告费才把原图弄上去？中国

媒体这个操行！当自己是全球主流媒体呢！还不能发“免费”的广告。

遥望苍穹天际：大部分媒体的习惯性修改，他们已经没有思考的能力了，能 PS 则 PS，不能 PS 的也要创造条件 PS。

中国之声雨亭：面对如此新闻事件，其中有我们同胞的痛心和无助、有读者对事件最新资讯和进展的诉求，报社领导和编辑竟还能想到如此“周全”，这是脑子进水还是本来就没有装过水！？

忧公子：现代媒体因为广告的问题，凡是出现广告倾向的一律抹掉，于是经常看到一些新闻中某某公司、某某旅行社、某某商店，为了防止广告嫌疑，却让读者和观众摸不着头脑。海峡都市报的照片制作人员可能是习惯性的抹掉了有广告嫌疑的字。不仅这家媒体，央视的一些报道中也是这样。

la_luna：严重鄙视！！这旅行社给了海峡都市报多少钱的刷白费啊？？！

梅庭庭：这是标准的假新闻图片！新闻图片公然造假，那这家报纸还有什么不能造假呢？

李不爽：其实，车门车窗那么难被砸烂，对这个品牌而言不是件好事么？

307 有人：现在的报纸可信吗？利益面前白底黑字都能给你抠掉。

张学军：职业洁癖。

Amorecrazy：天下没有免费的广告。

孤独盛宴：可笑的中国媒体。就这样的媒体还不让人骂，骂了就群起而攻之。中国媒体又在发霉的路上一路狂奔，两脚都是油门。

张草：自己以为不丢脸，结果全世界都笑了。

胡颜：大概是旅行社怕产生负面影响吧。什么手段都有！

黄小智子：这叫主动屏蔽负面报道……

键湖：难不成这报社在康泰旅行社还有股

Strait News 海峡都市报

吃小龙虾 榕多人“肌肉溶解”

福州警方 昨夜全城扫黄 A6

在菲律宾 香港游客被劫 8人遇难

醉驾飙车、恶意欠薪 将入罪

全国人大常委会审议刑法修正案（八）草案 A4

大干150天 跨越发展争朝夕

向莆铁路最长隧道 已打通80%

身高超1.5米儿童乘车购全票 A5

无需担保 三天到账

海峡都市报版面图

原图

份不成？真是奇观，超绝的“危机公关”……就是越弄越危机……把自家报纸也危机进去了。

抚顺小鬼：雷死我了，雷的我外焦里嫩……

铜锣－福尔摩烧：眼神犀利，偶一时没反应过来……有这必要吗？难道旅行社有交代，要低调？

浙江张军：如果只是“防止植入式广告”，还能用“小心过头了”搪塞，最多也只属于“强迫症”范畴。小人之心一下，要是因为与康泰旅行社有过过节，或者相反，为友者讳（不知正文里提到没有），那就丑了。

teddy0518：不管是出于什么考虑，现场照片不该 PS，会令报纸的公信力下降。会让人觉得：这么严重的事件尚能如此，不知我们平时看了多少非真实照片……

市场星报胡鑫：海峡都市报的头版编辑为导演出身，照片自然是道具了——这样便于看清劫匪的位置。

权威回应：

在 2010 年 7 月 26 日光明网刊登的《新闻摄影：困境中追寻光明——摄影家王文澜、著名摄影记者刘卫兵对话新闻摄影》一文中，中国摄影家协会副主席王文澜认为，“数码时代，新闻摄影的本质依然是记录历史。PS 技术相当于传统摄影的暗房技术。利用 PS 技术对新闻摄影作品进行适当的色调调整是可以的，如果对照片的内容进行增减删改就属于造假了。离开了真实新闻摄影就没有立足之地，任何形式的假照片都是对新闻摄影最大的伤害。”

解放军报社高级记者乔天富在 2010 年第 4 期《军事记者》撰文《新闻照片 PS 处理的度》，指出，“在新闻摄影领域已全面实现数字化、信息化的今天，PS 技术给新闻摄影带来便利、快捷等诸多好处的同时，也为造假提供了方便。像“刘羚羊”、“张飞鸽”等已成为数字影像时代用“PS”造假的典型。利用 PS 技术对新闻照片大动手术而致使图片失真的现象令人担忧。为了防止这种现象的发生，新闻摄影人必须坚持真实性原则，坚持绝对现场原则，把好新闻照片处理的度。”

迎千重变　传人间情

——写在第十一个记者节来临之际

□本刊编辑部

“记者共同体”策划之初，并没有奔着记者节，翻看日历后才发现出版周期与之严丝合缝，无心插柳成就了这份记者节“礼物”。

每年的记者节，见诸报端的不外评奖、开会，捎带领导的重要讲话。不是说这些不重要，而是更重要的一般不提——对记者和舆论监督权的真正尊重。

尊重记者，是天上的云，是嘴里的歌，偏偏还是权力和暴力下的软蛋。

“记者劫”这个词，充满了对记者的悲悯，也应了杨锦麟先生的那句调侃：“世道变了，哪里都是阿富汗。”

然而，现实世界的冷酷复杂与荒谬矛盾，不能成为阻碍我们追求法治的理由，更不能成为滥用媒体公器的借口。“记者防身术”专题中梁香禄的文章，也许会有记者认为过于法律人的理性，过于旁观者的客观，是站着说话不腰疼。但，至少他真诚地提供了一个与众不同的角度，一个不一样的选项。

本期焦点的推出，和记者被通缉、被围殴、被跨省等，有一定的关系，但不是全部。抱团取暖固然非常必要，但更重要的是，利益多元的中国传媒找到价值观整合的基石。石扉客《反暴力是构建新闻职业共同体的最大公约数》一文对现实的分析鞭辟入里，找到了中国传媒界目前最有可能达成和最具可行性的共识。

不过，知易行难，道路依然显得漫长。不党、不私、不盲、不卖，是中国新闻史上的一个传奇，而今天的中国媒体则“很少把自己看作是人格主体”（何三畏语）。漂洋过海，传奇却在“蕞尔小国”日本生根发芽，“通过检证报道检证昭和历史”，这值得正熙熙攘攘要做大做强的中国传媒学习、再学习。

当然，中国的媒体和记者也远没有如传说中那般沉沦。微博捉奸报道不也引发了正儿八经的讨论，记者对现实还是相当“给力”的。

那在当下采访中遇到的那么多的无奈、愤怒和遗憾怎么办？佛曰：这是一个娑婆世界，娑婆即遗憾；没有遗憾，给你再多幸福也不会体会快乐。

浮云苍狗变，娑婆万千劫，幸有笔下的爱可传之久远。

祝记者节快乐！